A Nova Teoria da (In) Capacidade Civil:

Das Ordenações Filipinas ao Estatuto da Pessoa com deficiência

JHÉSSIKA IACCINO

Design da capa por: Talita Beatriz Vallim

ISBN: 9798663699488

Grafia atualizada respeitando o novo Acordo Ortográfico da Língua Portuguesa

1°Edição

SUMÁRIO

INTRODUÇÃO 6

CAPÍTULO I: 8

O INSTITUTO DA CAPACIDADE CIVIL 8

1 Conceito de personalidade jurídica e
(in)capacidade civil 8

 1.1.1 Capacidade de direito e capacidade de fato
.... 10

 1.1.2 A dessemelhança entre capacidade jurídica
e legitimidade.. 12

 1.1.3 A incapacidade relativa e absoluta 14

1.2 Proteção dos incapazes: formas de
suprimento da incapacidade 17

CAPÍTULO II: 20

A CAPACIDADE CIVIL DA PESSOA COM
DEFICIÊNCIA NO BRASIL (1603 – 2002) 20

2.1 As restrições da capacidade civil da pessoa
com deficiência (1603 a 2002) 20

 2.1.1 O sistema de incapacidades para as pessoas
com deficiência antes da codificação das leis civis. 21

 2.1.2 O tratamento da pessoa com deficiência
após a codificação das leis civis 27

CAPÍTULO III 32

O ESTATUTO DA PESSOA COM DEFICIÊNCIA E
SEUS REFLEXOS LEGISLATIVOS NA TEORIA DA
INCAPACIDADE CIVIL...32

3.1 O Estatuto e suas implicações.................... 32

3.2 As modificações pertinentes ao Sistema de
Incapacidade Civil 35

 3.2.1 As alterações do rol de incapazes 37

 Tabela 1 – Comparativo dos absolutamente
incapazes 38

Tabela 2 – Comparativo dos relativamente incapazes.. 38

3.2.2 Da Tomada de Decisão Apoiada.............. 39

Enunciado 639- art. 1.783-A...................... 42

Enunciado 640- art.1.783-A....................... 43

3.2.3 Os reflexos no instituto da Curatela......... 43

Tabela 3– Comparativo das pessoas que estão sujeitas a curatela... 44

Tabela 04– Revogação da Curatela Especial – artigo 1.780 do CC.. 46

Tabela 05 – Comparativo dos limites da curatela no CC e CPC. 49

Enunciado 637- art.1.767 50

Tabela 06 – Direito à convivência familiar e comunitária... 51

Tabela 07 – Comparativo sobre a nomeação do curador... 52

Enunciado 638-art.1775 53

Tabela 08 – Criação da curatela compartilhada 54

Tabela 09 – Comparativo rol de legitimados do processo de interdição 55

CAPÍTULO IV... 56

ASPECTOS CONTROVERSOS DA NOVA TEORIA DA (IN)CAPACIDADE CIVIL E AS INCONGRUÊNCIAS PRÁTICAS E PROCESSUAIS..................................... 56

4.1 DA CAPACIDADE CIVIL DA PESSOA COM DEFICIÊNCIA 56

Jurisprudência TJ-SP: Pessoa com deficiência que não consegue exprimir a vontade é considerada relativamente incapaz (art. 4º, III, CC)...................... 58

4.2 DAS CONSEQUÊNCIAS DA MUDANÇA DO ROL DE INCAPACIDADE CIVIL..62

4.2.1 Da inaplicabilidade da assistência........... 62

4.2.2 Da nulidade e anulabilidade dos negócios jurídicos 63

Jurisprudência TJ-AC: Prazo prescricional e decadencial para as pessoas com deficiência............. 66

4.2.3 Da prescrição e decadência..................... 67

Enunciado da VIII Jornada de Direito Civil: prescrição e decadência 67

Jurisprudência TRF4: Relativização do art. 198 do CC: não corre prescrição contra relativamente incapazes (deficiência psíquica ou intelectual). 68

4.2.4 Da quitação dada pela pessoa com deficiência e do recebimento de doação 69

4.2.5 Da responsabilidade da pessoa com deficiência por danos à terceiros 72

4.2.6 Do casamento 73

Tabela 10 – Da revogação do casamento pelos pais e tutores 73

Tabela 11– Comparativo das hipóteses de nulidade do casamento 74

Tabela 12 – Comparativo das hipóteses de anulabilidade do casamento 74

Tabela 13 – Comparativo das hipóteses de erro essencial sobre a pessoa do outro cônjuge 75

Jurisprudência TJ DF: Anulação de casamento por incapacidade do nubente 77

4.3 (DES)CONSTRUÇÃO DA PROTEÇÃO DA PESSOA COM DEFICIÊNCIA QUE NÃO CONSEGUE EXPRIMIR SUA VONTADE 78

Jurisprudência TJ-SP: Inconstitucionalidade das revogações dos artigos 3º e 4º do CC. 80

Jurisprudência TJ-SP: Não reconhece a inconstitucionalidade das revogações dos artigos 3º e 4º do CC. 81

Jurisprudência TRF-4: interpretação sistemática do Estatuto da Pessoa com deficiência 83

CONCLUSÃO 84

QUESTÕES 93

QUESTÕES ESTILO CERTO OU ERRADO 93
QUESTÕES DE MÚLTIPLA ESCOLHA 108

GABARITO COMENTADO 161

Enunciado 4 da I Jornada De Direito Civil ... 167
Enunciado 139 da III Jornada De Direito Civil 168

REFERÊNCIAS 180

SOBRE A AUTORA 185

INTRODUÇÃO

No dia 6 de julho de 2015 foi sancionada a Lei de nº 13.146/2015, que instituiu o Estatuto da Pessoa com Deficiência. Esse corpo legislativo surgiu da necessidade de assegurar e promover o pleno exercício de todos os direitos humanos e liberdades fundamentais por todas as pessoas com deficiência, obrigação geral dos Estados Partes da Convenção Internacional sobre os Direitos da Pessoa com Deficiência[1]. Com o advento do referido Estatuto houve uma inovação legislativa significante no Instituto da Capacidade Civil, como por exemplo, alterações nos artigos 3ª e 4ª, do Código Civil.

Ao derrogar[2] esses dispositivos do código civil, apenas os menores de 16 anos são considerados **absolutamente incapazes**. Ademais, foram excluídos do rol de **incapacidade relativa,** "os que por deficiência mental, tenham o discernimento reduzido" e os "excepcionais, sem desenvolvimento mental completo"

Há diversos aspectos positivos do referido Estatuto, como a emancipação da pessoa com deficiência; o rompimento do paradigma patrimonialista da teoria da

---

[1] Artigo 4: Obrigações gerais: 1. [...], os Estados Partes se comprometem a:
a) Adotar todas as medidas legislativas, administrativas e de qualquer outra natureza, necessárias para a realização dos direitos reconhecidos na presente Convenção;
b) Adotar todas as medidas necessárias, inclusive legislativas, para modificar ou revogar leis, regulamentos, costumes e práticas vigentes, que constituírem discriminação contra pessoas com deficiência; (CIDPD in Decreto nº 6.949/09)
[2] Significa a revogação parcial da norma, diferente da ab-rogação, que é a revogação total da norma. Nesse caso, trata-se de derrogação tendo em vista que os artigos 3º e 4º do Código Civil continuam vigentes, com, somente, alguns incisos alterados.

incapacidade civil e a criação de um novo instituto: A Tomada de Decisão Apoiada. Todavia, as alterações no rol de incapazes resultaram em diversos efeitos colaterais nos mecanismos de proteção da pessoa com deficiência, bem como em incongruências práticas e processuais que serão abordadas oportunamente.

Nesse sentido, o primeiro capítulo propõe desenvolver um breve teórico acerca da teoria da (in)capacidade civil, perpassando pelos conceitos de Personalidade; Capacidade de Direito e Capacidade de Fato; diferença entre Capacidade e Legitimidade e, por fim, as Formas de Suprimento da Incapacidade.

O segundo capítulo, refere-se à uma abordagem histórica do sistema brasileiro de Incapacidade Civil das pessoas com deficiência, desde as Ordenações Filipinas, até o Código Civil de 2002.

O terceiro capítulo, trata-se das mudanças de paradigmas da Teoria da Incapacidade Civil, decorrentes da Convenção internacional sobre os Direitos das Pessoas com Deficiência e do Estatuto da Pessoa com Deficiência. Para tanto, serão elencadas algumas mudanças no Código Civil, no que se refere às alterações do rol de incapacidade e no instituto da Curatela, bem como, à criação de um novo mecanismo protetivo: **A tomada de Decisão Apoiada.**

O último capítulo faz uma abordagem mais aprofundada das alterações da sistemática da incapacidade civil, decorrente do advento do Estatuto da Pessoa com Deficiência, tratando especificamente sobre as pessoas que não conseguem exprimir sua vontade, que deixaram de integrar-se ao rol de incapacidade absoluta. Diante disso, serão elencadas as incongruências práticas e processuais, como efeitos na prescrição e decadência; anulação e nulidade dos negócios jurídicos; da responsabilidade civil; no casamento, entre outros "efeitos colaterais" das mudanças no sistema de incapacidade civil.

CAPÍTULO I:

O INSTITUTO DA CAPACIDADE CIVIL

1 Conceito de personalidade jurídica e (in)capacidade civil

Conforme o Código Civil de 2002, "toda pessoa é capaz de direitos e deveres na ordem civil"[3], o que logicamente implica que, para ser capaz de direitos e deveres basta ser pessoa. Nesse contexto é primordial compreender a valoração jurídica do termo pessoa, antes mesmo de introduzir-se propriamente no conceito de personalidade jurídica e capacidade jurídica.

Historicamente, no Direito Romano, pessoa era o homem livre, não estando na condição de escravo. Isso porque, na concepção daquela civilização, o escravo era equiparado a coisa (res) e não possuía direitos. [4]

Mas na nossa realidade, a doutrina adota, majoritariamente, a posição de que pessoa é o sujeito de direito ou sujeito de uma relação jurídica, capaz de possuir direitos e em contrapartida contrair obrigações. Sendo

---

[3] Código Civil, art. 1º
[4] FILARDI,1999, p.54

assim, é um sujeito de uma titularidade jurídica[5].

O professor Venosa[6] define o termo pessoa como "[...]a projeção da personalidade íntima psíquica de cada um: é uma projeção social da personalidade psíquica, com consequências jurídicas[...]"

Partindo dessa premissa, o ordenamento jurídico[7] estatui que todo ser humano, desde o nascimento com vida, possui essa aptidão para contrair direitos e obrigações, e para essa aptidão dá-se o nome de personalidade jurídica[8]. Ela é "[...]institucionalizada num complexo de regras declaratórias das condições de sua atividade jurídica e dos limites a que se circunscreve." [9]

O início da personalidade jurídica é o nascimento com vida[10], sendo a morte[11] o termo final da personalidade. Ou seja, todo ser humano que nasce com vida tem personalidade jurídica, sendo assim, ela não depende da vontade dos indivíduos, pois é inerente ao homem, ainda que o detentor não tenha condições de expressá-la[12].

Embora todos tenham personalidade, isto é, capacidade de adquirir direitos e obrigações, nem todos possuem capacidade para exercer esses direitos e obrigações. Constatado isso, pode-se partir para os conceitos de capacidade de direito e capacidade de fato, isso porque

---

5 GOMES, 2002, p. 142
6 2008, p. 132
7 Código Civil, art. 2º
8 Vide os "Direitos da Personalidade" - art. 11-21 do CC.
9 GOMES, 2002, p. 141
10 "[...], mas a lei põe a salvo, desde a concepção, os direitos do nascituro". (CC, art. 2º)
11 Também se considera a morte presumida. Vide artigos 6º-7º do CC.
12 Quando os direitos da personalidade são lesados nasce o direito de reparação por danos morais. É admitido o dano moral reflexo ou por ricochete. Também conhecido por dano moral indireto, refere-se ao direito de indenização a pessoas intimamente ligadas a vítimas, como nos casos da morte de alguém da família (vide art.12 parágrafo único do CC)

"[...] a ordem jurídica estatui que os direitos podem ser exercidos pessoalmente ou por outra pessoa. "[13]

1.1.1 Capacidade de direito e capacidade de fato

A capacidade de direito é oriunda da personalidade, de modo que a pessoa possui aptidão para adquirir direitos e obrigações. Assim, intitula-se capacidade de direito, a capacidade de contrair direitos e deveres na ordem civil. É inerente ao ser humano, uma vez que, negar a alguém sua capacidade de direito ou de gozo seria o mesmo de negar sua existência como pessoa e privá-la de um atributo importante da personalidade[14].

Por outro lado, a capacidade de fato é a capacidade de exercer os direitos que desde o nascimento tem-se condições de adquirir. Sendo assim, "[...]é a extensão dada aos poderes de ação, contidas na personalidade"[15].

Sobre a dessemelhança entre a capacidade de direito e capacidade de fato, "a primeira (capacidade de direito) é a aptidão para a titularidade de direitos e deveres, a segunda (capacidade de fato), a possibilidade de praticar atos com efeitos jurídicos, adquirindo, modificando ou extinguindo relações jurídicas".[16]

No tocante à questão terminológica, usualmente, quando se percebe apenas o termo "capacidade civil", "capacidade jurídica", ou, tão somente, "capacidade", geralmente, trata-se da capacidade de fato. E quando o

---

13 GOMES, 1998, p. 131
14 DINIZ, 2011, p. 147
15 BEVILÁQUA, 1984, p. 171
16 Amaral,2003, p. 229

assunto é capacidade de direito, normalmente, usa-se o termo "personalidade jurídica". No entanto, cabe ao leitor observar o contexto em que os termos estão inseridos.

Para entender melhor esse desdobramento da capacidade entre capacidade de fato e capacidade de direito, observa-se, por exemplo, que, mesmo um recém-nascido pode adquirir patrimônio em seu nome. Sendo ele proprietário de um imóvel, todavia, não poderá exercer, por si só, as obrigações e direitos inerente à essa propriedade. Seria impossível tal proprietário pagar pessoalmente o IPTU, por exemplo. Nessa conjuntura, observa-se que o recém-nascido tem direito de adquirir um imóvel, ou seja ele é capaz para ser titular de um direito (capacidade de direito), mas, não pode desempenhar fatos que levem ao exercício das obrigações e direitos inerente a esta propriedade, pois lhe falta capacidade de fato.

Logo, toda pessoa possui capacidade de direito. No entanto, a capacidade de fato é condicionada à alguns critérios, que são fundamentais para exercer os atos da vida civil, que são: "[...] discernimento [...], prudência, juízo, tino, inteligência, e sob o prisma jurídico, a aptidão que tem a pessoa de distinguir o lícito do ilícito, o conveniente do prejudicial. "[17]

Ressalvadas as limitações de cunho etário, presume-se a capacidade do sujeito, sendo incapaz apenas aqueles que a lei mencionar. A ideia é que toda pessoa tenha tanto a capacidade de direito quanto capacidade de fato, ainda que elas se incorporem aos direitos personalíssimos do sujeito em momentos distintos. Enquanto a capacidade de direito existe desde o nascimento com vida, a capacidade de fato, plena, é adquirida apenas quando cessada a menoridade

---

[17] Diniz (2011, p. 147)

civil.

Atualmente, a maioridade é fixada aos dezoito anos, mas já fora fixada aos vinte e um, no Código anterior e nas Ordenações Filipinas, que inicialmente fixou aos vinte e cinco anos. Também é possível atingir a maioridade através da emancipação[18], que em sua maioria impõem critérios de cunho patrimonial ou matrimonial.[19]

Sendo assim, em regra, atingida a maioridade, o sujeito torna-se absolutamente capaz de exercer pessoalmente os atos da vida civil. Ou seja, possui capacidade de direito, oriunda da personalidade jurídica e pode exercer seus direitos sem limitações legais, salvo se enquadrar-se em alguma hipótese de incapacidade presente no Código Civil.

Contudo, antes de tratar da ausência de capacidade de fato, ou seja, da incapacidade civil, é preciso, primeiramente, esclarecer a diferença entre incapacidade e ilegitimidade. Portanto, mesmo que a pessoa possua capacidade de direito e capacidade de fato, poderá ser privada de um, ou de alguns atos da vida civil, em razão de lhes faltarem legitimidade.

1.1.2 A dessemelhança entre capacidade jurídica e legitimidade

Não se confunde capacidade com legitimidade. Enquanto a capacidade de fato é a aptidão para praticar os atos da vida civil, conforme requisitos estatuídos nos artigos

---

[18] A emancipação é regulada no parágrafo único do art. 5º do Código Civil
[19] (ord.1,88, §§ 6,19,27,28; lei de 22 de setembro de 1828, art. 2º §§ 4º; CC,1916, art. 9º; CC,2002, art. 5º)

3º a 5º do Código Civil de 2002, a legitimação é "a posição das partes, num ato jurídico, negocial ou não, concreto e determinado, em virtude da qual elas têm competência para praticá-lo"[20] .

Sendo assim, a legitimidade é um tipo de capacidade específica para alguns atos da vida civil, de modo que o agente diante de determinada circunstância jurídica pode ter ou não capacidade para estabelecê-la. O conceito assemelha-se a da ciência do processo, pois só está legitimado a praticar os atos jurídicos quem a lei determinar. Em síntese é a atribuição subjetiva do titular do direito diante de uma determinada relação jurídica. [21]

A título de exemplo, o Código Civil de 2002 regulamenta, nos artigos 580 e 1647, a vedação de determinados negócios jurídicos, de modo que, embora os agentes tenham plena capacidade civil, são impedidos de exercê-los: os tutores ou curadores de dar em comodato os bens confiados à sua guarda sem autorização especial; o casado, exceto no regime de separação absoluta de bens, de alienar imóveis sem a outorga do outro cônjuge, entre outros.

Igualmente, alguém que deseja alienar um imóvel de um terceiro, embora tenha capacidade absoluta, não terá legitimidade para realizar o ato jurídico sem que haja uma procuração do titular do direito de propriedade, atribuindo-lhes poderes para alienar em seu nome. Outra situação exemplificativa é a de alguém que não detém de graduação no curso de medicina, e que, embora possua capacidade civil não possui legitimidade para exercer a profissão de médico.

Ademais, tanto pode haver ausência de legitimidade quanto ausência de capacidade. Nesse passo, pode o sujeito ser legítimo para gozar do ato jurídico, mas não deter de

---

[20] DINIZ, 2011, p. 169
[21] VENOSA, 2008, p. 139

capacidade civil para exercê-lo sozinho.

Nesse sentido, essa restrição legal, que algumas pessoas possuem em relação ao exercício dos atos da vida civil, intitula-se incapacidade jurídica. E essa incapacidade jurídica é dividida em **incapacidade absoluta e incapacidade relativa.**

1.1.3 A incapacidade relativa e absoluta

Como mencionado anteriormente, em regra, todos são capazes após cessar a menoridade civil, isso porque mesmo depois de atingida a maioridade, em alguns casos, há situações que impedem ou limitam o pleno exercício dos direitos. Em função disso, o sistema jurídico de capacidade civil, a fim de resguardar a efetividade prática da teoria da incapacidade, diferencia aquelas pessoas que possuem plena capacidade, daquelas que têm sua capacidade inapta ou limitada.

Diante desse apontamento, ficou evidente que enquanto para ter capacidade de direito basta ser pessoa, para ter capacidade de fato é preciso atender alguns requisitos legais, isso porque, o código civil enumera condições da pessoa que a impossibilita de exercer, pessoalmente os atos da vida civil.

Clóvis Beviláqua[22], ao tecer comentários ao Código Civil bem dizia que, "a capacidade de fato é o exercício, a manifestação da personalidade, e o Código não tinha necessidade de considerá-la senão para declarar que pessoas são delas privadas e em que medida."

---

[22] 1984, p. 171

Portanto, aqueles que não conseguem exercer os atos da vida civil, seja de maneira alguma, ou, seja de forma limitada, se enquadram no rol de absolutamente incapazes, e relativamente incapazes, respectivamente. A existência desses graus de incapacidade se justifica na proteção dos incapazes diante dos prejuízos a eles causados pela impossibilidade ou dificuldade de manifestação vontade.

Nessa senda, **absolutamente incapazes são** pessoas que, diante de sua extensão de incapacidade, são totalmente impedidas de praticar os atos da vida civil, necessitando que outras pessoas pratiquem os atos em seu nome. Essas pessoas, são capazes de adquirir direitos e obrigações, no entanto, não são capazes de exercer esses direitos pessoalmente.

Entre os que possuem capacidade plena e os absolutamente incapazes, há pessoas que se situam na zona intermediária, pois não gozam de total discernimento para praticar todos os atos da vida civil, de modo que, podem praticar sozinhos alguns atos, como por exemplo lavrar um testamento, mas há direitos que devem ser exercidos em conjunto com seu representante legal. Trata-se dos **relativamente incapazes.**

No Código Civil de 2002, no art. 3º, antes da alteração implantada pelo Estatuto da Pessoa com deficiência, os absolutamente incapazes eram: Os menores de dezesseis anos; Os que, por enfermidade ou deficiência mental, não tivessem o necessário discernimento; Os que, não pudessem exprimir sua vontade, mesmo por causa transitória.

Na codificação anterior[23], que ao seguir paradigmas bem semelhantes aos das Ordenações Filipinas, apesar de manter os menores de 16 anos, incluía os loucos de todo o

---

[23] Código Civil de 1916, p. 171

gênero, os surdo-mudo que não puderam exprimir a sua vontade, os ausentes e os declarados tais por ato do juiz, no rol de absolutamente incapazes.

Já os incapazes relativamente, no Código de 2002[24], em sua redação original, eram: os maiores de dezesseis e os menores de dezoito anos, os ébrios habituais, os viciados em tóxicos, os que, por deficiência mental, tenham o discernimento reduzido e os excepcionais sem desenvolvimento mental completo.

Nas ordenações Filipinas, eram incapazes relativamente, a mulher a partir de doze anos e o homem a partir dos quatorze, outrora menores impúberes, as mulheres casadas, e os silvícolas e os pródigos, que mal gerenciassem suas fazendas. No mesmo sentido eram as regras trazidas pela primeira codificação civil, que manteve as mulheres casadas, os silvícolas e os pródigos, mas estabeleceu como critério etário os maiores de dezesseis anos e menores de vinte e um.[25]

A ideia de desdobrar-se nessas duas ramificações da incapacidade não consiste unicamente em conceituar pessoas em relativamente incapazes e absolutamente incapazes, tampouco trata-se de um rótulo social. Integrar-se em uma ou outra categoria, na realidade, é estar sob a guarda dos institutos que protegem os indivíduos cujo a exteriorização de sua personalidade jurídica é limitada.

Nesse sentido, para as pessoas que se encaixam em pelo menos uma das situações elencadas no rol de incapacidade, o Estado dispõe de instrumentos capazes de suprir a obstrução ou a limitação do exercício de seus direitos, pois quando menciona-se que é necessário que

---

[24] (art.4º)
[25] (Ord. 3, 29, § 1º,3, 41, § 8, 3,63, § 5,4, 80 pr.; 4, 81, §§ 1º e 2º; 4, 103)

outra pessoa pratique o ato em nome do incapaz, refere-se aos institutos da Representação e da Assistência, consubstanciados na Tutela e Curatela.

1.2 Proteção dos incapazes: formas de suprimento da incapacidade

Ignorar a existência de diferentes graus de manifestação de vontade é ignorar a necessidade de salvaguardar os direitos dos sujeitos. Ser absolutamente incapaz ou relativamente incapaz não é uma categorização vazia, pois tem sua razão de ser.

A ideia foi declarar, com base nas impossibilidades práticas de manifestação de vontade, que, pessoas enquadradas em certos requisitos contidos nos dispositivos legais, não possuem plena capacidade para praticar os atos da vida civil, principalmente no que se refere a disposição do patrimônio, isso porque, identificar essas pessoas irá direcionar o Estado a providenciar proteção a elas e ao seu patrimônio.

A manifestação da vontade é um requisito de existência do negócio jurídico, sem ela não há em que se falar em negócio jurídico. Outrossim, "vontade é pressuposto básico do negócio jurídico[26] e é imprescindível que se exteriorize.[27]

---

[26] Negócio jurídico é um "instrumento próprio da circulação dos direitos, isto é, a modificação intencional das relações jurídicas [...] uma declaração de vontade de sujeito de direito, no âmbito de sua autonomia para alcançar resultado juridicamente protegido" (GOMES, 1998, p. 264 e 396)
[27] GOMES ,1998, p. 350

Dessa forma, para que negócio jurídico seja consumado é necessário a manifestação de vontade dos agentes que integram essa relação jurídica. No entanto, não é qualquer manifestação de vontade, ela deve ser autêntica e cercada de discernimento.

Assim, se uma pessoa não consegue manifestar sua vontade, a ponto de não ter condições de comprar um automóvel por exemplo, isso não faz com que ela perca seu direito de adquirir esse veículo, tendo em vista que, a capacidade de direito lhe garante que ela seja capaz de contrair direitos e obrigações. Mas, se o sujeito não pode realizar a compra pessoalmente, é preciso que alguém tenha legitimidade para realizar esse negócio em seu nome.

Nesse sentido, ao passo que o código civil estabelece limitações ao exercício dos direitos, ele também possibilita formas de suprimento da incapacidade. Se absolutamente incapaz, nomeia-se uma pessoa apta para praticar os atos em nome do incapaz, nascendo então a figura do **representante**[28]. Já na incapacidade relativa, o incapaz é assistido na prática dos atos civis, diante da figura do **assistente**. Ou seja, o absolutamente incapaz não pode praticar o ato, então outra pessoa pratica em seu nome. Já o relativamente incapaz não pode praticar o ato sozinho, mas pode praticar conjuntamente com o assistente.

Vigora-se hoje a representação apenas para os menores de 16 anos, e a assistência nos demais casos. O

---

[28] Não se confunde a representação com mandato ou procuração. A representação de que se trata neste tópico é a forma de suprimento de incapacidade absoluta, ela pode ser legal ou judicial. Já o mandato é uma representação convencional, pois ela nasce da vontade das partes. É negócio jurídico que se destina à pessoa capazes, "é o contrato pelo qual alguém se obriga a praticar atos jurídicos ou administrar interesses por conta de outra pessoa" (GOMES, 2002, p.426). A procuração é o instrumento do mandato, contudo vale lembrar que o mandato também pode ser verbal.

instituto da representação pode ser legal, (genitor são representantes legais dos filhos), ou poderá ser judicial através da tutela para os menores. Já no caso da assistência ela será instituída através da curatela. Neste caso ela se dá por meio da interdição, originalmente no Código Civil.

A interdição é um processo de jurisdição voluntária que consiste em "[...]declarar o poder judiciário que em determinada pessoa não se verifica o pressuposto da plena capacidade para prover seus próprios negócios, falha que inibe da prática de atos da vida civil"[29].

Neste cerne, a proteção jurídica dos incapazes realiza-se por meio da representação e assistência, dando-lhe segurança, tanto em relação a sua pessoa, quanto em relação ao seu patrimônio, tornando juridicamente possível, o exercício de seus direitos.

A Tomada de Decisão Apoiada, que pode ser considerada um desdobramento do instituto da assistência, por se tratar de uma inovação legislativa, será abordada com mais detalhes oportunamente.

---

[29] DINIZ, 2011 p. 203.

CAPÍTULO II:

A CAPACIDADE CIVIL DA PESSOA COM DEFICIÊNCIA NO BRASIL (1603 – 2002)

2.1 As restrições da capacidade civil da pessoa com deficiência (1603 a 2002)

As doenças mentais, as malformações congênitas e a incapacidade físicas, por muito tempo foram vistas como castigo Divino, o que fez com que a Igreja Católica, em especial no período inquisitório (séculos XI e XII) adotasse comportamentos discriminatórios, substituindo as caridades por perseguições aos que fugiam do "padrão de normalidade". Na Roma antiga, os plebeus e os nobres poderiam sacrificar seus filhos que nascessem com deficiência. Já em Esparta, tanto os recém-nascidos quanto as pessoas que adquiriram algum tipo de deficiência eram lançados no mar ou em algum precipício. Nessa perspectiva, as pessoas com deficiência, durante longos séculos, desde a história antiga, receberam basicamente duas formas de tratamento: de um lado a rejeição e exclusão e de outro a proteção assistencial piedosa.[30]

Posto isso, é importante mostrar como foi o tratamento legal das pessoas com deficiência frente ao

---

[30] Garcia, 2011

20

regime jurídico das incapacidades no Brasil, relembrando o funcionamento desse instituto mesmo antes da codificação das leis civis. Sendo assim, será necessário perpassar pelas ordenações Filipinas (1603), Código Civil de 1916 e o Código de 2002, em sua redação anterior às modificações trazidas pelo Estatuto da Pessoa com Deficiência.

2.1.1 O sistema de incapacidades para as pessoas com deficiência antes da codificação das leis civis.

Antes mesmo das codificações das leis civis, por muito tempo foi fonte em peso no direito civil, as Ordenações Filipinas (1603) que foram elaboradas por Pedro Barbosa, Paulo Afonso, Damião de Aguiar e Jorge de Cabelo, em obediência ao Alvará de 5 de junho de 1595, quando Felipe II na Espanha mandou reformar todas as legislações Portuguesas. No entanto, foram publicadas apenas em 1603, durante o período de dominação espanhola, mas só foram confirmadas em 1643 pela lei de 29 de janeiro. Esse corpo legislativo era, na realidade, uma versão atualizada das Ordenações Manuelinas, o que fez com que já nascessem envelhecidas.[31]

Esse ordenamento jurídico, instituído por Portugal no século XVII, vigorou no Brasil por mais de três séculos, o que se tornou uma barreira para que o Brasil acompanhasse os outros países ibero-americanos no movimento de renovação legislativa, que codificaram suas leis neste século. [32]

Ademais, elas continuaram vigentes mesmo após a proclamação da independência do Brasil em 1822, por força da Lei de 20 de outubro de 1823 que determinou que, as Ordenações, leis e decretos promulgados pelo rei de Portugal

---

[31] GOMES,2006, em "raízes do código civil"
[32] GOMES, 1998;

até 24 de abril de 1821, continuassem vigentes até a elaboração de um novo Código.[33]

Embora em 1824, a Constituição brasileira, em seu artigo 179, XVIII, ordenara que se organizasse um novo Código Civil o quanto antes, fundado nas sólidas bases de justiça e equidade, as Ordenações completaram seus 314 anos de existência. [34]

As Ordenações Filipinas eram divididas em cinco livros e não detinham de um sistema unificado de capacidade civil, no entanto, havia disposições esparsas relativas à incapacidade da pessoa com deficiência ao longo desse corpo legislativo, que são encontradas principalmente no Livro IV, mas há também disposições no livro I e V.

Porém, o termo "pessoa com deficiência", não era empregado no corpo das Ordenações, suas escritas carregadas de termos inapropriados, marcados pelo reflexo do preconceito existente na época, se utilizava de diversas formas para se referir a pessoa com deficiência mental: mentecapto, furioso, sandeu, louco, desassisados e desmemoriados. No livro IV, título CIII, a nota explicativa número sete, traz as definições de desassisados como *"[...]propriamente, he o falto de siso, e de juízo, louco completo."* e os desmemoriados *"he o falto de memória, esquecido, propriamente o idiota, o demente"*[35]

A mentalidade daquela geração não refletia tanta

---

[33] "As Ordenações, Leis, Regimentos, Alvarás, Decretos, e Resoluções promulgadas pelos Reis de Portugal, e pelas quaes o Brazil se governava até o dia 25 de Abril de 1821, em que Sua Magestade Fidelissima, actual Rei de Portugal, e Algarves, se ausentou desta Côrte; e todas as que foram promulgadas daquella data em diante pelo Senhor D. Pedro de Alcantara, como Regente do Brazil, em quanto Reino, e como Imperador Constitucional delle, desde que se erigiu em Imperio, ficam em inteiro vigor na pare, em que não tiverem sido revogadas, para por ellas se regularem os negocios do interior deste Imperio, emquanto se não organizar um novo Codigo, ou não forem especialmente alteradas."(art. 1º da Lei de 20 de outubro de 1823)
[34] GOMES, 1998
[35] (Ord.; IV, CIII)

preocupação com a dignidade da pessoa humana como se tem hoje. Percebe-se isso, não só pelos termos pejorativos utilizados para se referir a pessoa com deficiência, mas por elas serem postas no mesmo dispositivo legal que se referia aos animais ferozes, e justamente ao lado destes. Tal disposição é verificada na lei de 1º de julho de 1828, no título III, que tratava das *"posturas policiaes"*:

> *Art. 66. Terão a seu cargo tudo quanto diz respeito á polícia, e economia das povoações, e seus termos, pelo que tomarão deliberações, e proverão por suas posturas sobre os objectos seguintes:*
> *[...]*
> *§ 3º Sobre edifícios ruinosos, escavações, e precipícios nas vizinhanças das povoações, mandando-lhes pôr divisas para advertir os que transitam; suspensão e lançamento de corpos, que possam prejudicar, ou enxovalhar aos viandantes; cautela contra o perigo proveniente **da divagação dos loucos, embriagados, de animaes ferozes,** ou danados, e daquelles, que, correndo, podem incomodar os habitantes, providencias para acautelar, e atalhar os incêndios.* (Grifo nosso)

Embora, como mencionado, as Ordenações não tivessem um artigo específico para agrupar um rol de incapazes, haviam restrições esparsas na lei. No livro IV, art. 81 por exemplo, eram proibidos de fazer testamento, os homens menores de quatorze anos, as mulheres menores de doze anos e os "furiosos".

O surdo e o mudo também tinham sua capacidade restringida para as práticas dos negócios jurídicos. O que era mudo e surdo desde o seu nascimento tinha incapacidade absoluta. Mas o que se tornou surdo e mudo e soubesse escrever poderia, por sua mão fazer um testamento. Com isso, tinha validade o testamento lavrado pelo que ouvia, mas que falava com dificuldade. Mas lavrado o testamento por outra pessoa, sua validade era condicionada à autorização judicial, como segue as ordens do livro IV, título LXXXI (Ord. IV, 81 § 5):

> *Não poderá fazer testamento o mudo e surdo de nascença, mas os que ouvem, e fala com dificuldade poderão fazer testamento. E se e que algum caso, ou doença se tornou mudo e surdo, souber escrever, e fizer testamento por sua mão, valerá o testamento. E não sabendo escrever, fazendo o dito testamento por mão d'outrem, valerá o tal testamento, impetrando para isso nossa licença.*

Os impedidos de praticarem os atos da vida civil, em razão da impossibilidade da manifestação de vontade ou em decorrência da deficiência, eram amparados pelo instituto da Curatela, incumbido o ônus de curador ao pai ou ao cônjuge do incapaz, como se percebe pela leitura do livro IV, título, CIII (Ord.; IV, CIII,2):

> *Porque além dos Curadores, que hão de ser dados aos menores de vinte e cinco anos, se devem também dar Curadores aos desassisados e desmemoriados, e aos Pródigos, que malgastarem suas fazendas.*
> *[...]*
> *E esta curadoria administrará o pai ou a mulher, em quanto o filho ou marido durar na sandice. E tornando a seu perfeito siso e entendimento, ser-lhe-hao tornados e restituídos seus bens como toda livre administração deles, como a tinha antes de perdesse o entendimento*
> *E o pai será obrigado a dar conta como os regeo e administrou, em quanto foi seu Curador.*

E nos casos em que o curatelado causasse dano a

outrem, ele seria entregue a seu pai, que deveria aprisioná-lo, bem como cuidar de seu patrimônio, para que fosse evitada a ocorrência de novos danos. Ademais, a partir desse momento, os pais passavam a responder civilmente pelos atos praticados pelo filho incapaz. Veja-se:

> *Mandamos que tanto que o Juiz dos Órfãos souber que em sua jurisdição há algum Sandeu, que por causa de sua sandice possa fazer mal, ou dano algum na pessoa, ou fazenda, o entregue a seu pai, e o tiver e lhe mande de nossa parte, que dahi em diante ponha nelle boa guarda, assi na pessoa, como na fazenda; e se cumprir o faça aprisionar, em maneira que não possa fazer mal a outrem.*
> *[...]*
> *E se depois que lhe assi for encarregada a guarda do dito seu filho, ele fizer algum mal, ou dano a outrem na pessoa ou fazenda, o dito seu pae será obrigado a emendar tudo, e satisfazer pelo corpo e bens, por a culpa e negligência, que assi teve em não guardar o filho.*
>
> *E os bens que o Sandeu tiver, serão entregues ao dito seu pai per inventário feito pelo Escrivão dos Orfãos, e o Juiz ordenará certa cousa ao dito pai per que o haja de manter. (Ord; IV, CIII,2)*

Curiosamente, nas Ordenações se admitia os *lúcidos intervalos*, que não foram recepcionados na codificação das leis civil. Segundo esse preceito, mesmo a pessoa sem discernimento mental poderia ter intervalos de lucidez, que tornavam válidos os negócios jurídicos praticados por eles, pois restabelecia sua capacidade.[36] Tal disposição se encontra no Título LXXXI do livro IV, ao tratar "das pessoas, a que não é permitido fazer testamento":

---

[36] BEVILÁQUA, 1984, p.185

> *O varão menor de quatorze anno ou femea menor de doze, não podem fazer estamento, nem o furioso.* **Porém, se não tiver o furor continuo, mas por luas, ou dilucidos intervalos, valerá o testamento,** *que fez estando quieto, e fora do furor, constando disso claramente: como também valerá o testamento, que antes do furor tiver feito. E isto, que dizemos do furioso, se entendera também, no que nasceu mentecapto, ou que veio a carecer de juízo por doença, ou qualquer outra maneira.*
>
> *1-E se o que está em continuo furor sem intervalo, e remissão alguma, fizer sem testamento, tão ordenado como o fazia hum homem de perfeito juízo, não valerá por isso o tal testamento.*
>
> *2 E se o que tem dilucidos intervalos, fizer seu testamento, e se duvidar se o fez, estando em seu perfeito juízo, deve-se considerar a qualidade da disposição e testamento; porque, se o que nelle se dispõem, he tão rasoado, e que feito tão boa ordem, como o fizera hum homem de são juízo, deve-ser presumir, e crer que no tempo que o fez estava em seu perfeito juízo. E sendo feito em outro modo, se presumira o contrário. (Ord.; IV, LXXXI)*

No entanto, isso não fazia com que a curadoria fosse extinta, mas apenas tivessem seus efeitos suspensos. De modo que, nos intervalos lúcidos, o curatelado poderia praticar pessoalmente os atos da vida civil. É o que dispõe no livro IV:

> *E sendo furioso por intervalos e interposições de tempo, não deixará seu pai, ou sua mulher de ser seu curador no tempo, em que assim permanecer sisudo, e tornado a seu entendimento. Porém, enquanto ele estiver em seu siso e*

entendimento, poderá governar sua fazenda, como se fosse de perfeito siso. E tanto que tornar à sandice, logo seu pai, ou sua mulher usará da curadoria, e regerá e administrará a pessoa e a fazenda dele, como dantes (Ord.CIII,3)

2.1.2 O tratamento da pessoa com deficiência após a codificação das leis civis

Houveram três tentativas de codificação, a de Teixeira de Freitas (1859), a de Nabuco de Araújo (1872) e a de Felício dos Santos (1881). Contudo, o primeiro Código Civil entrou em vigor em 1º de janeiro de 1917, que na visão de Paulo Lacerda, não foi tão inovador, pois "não passava de um aglomerado variável de leis, assentos, alvarás, resoluções e regulamentos, suprimindo, preparando e sustendo as Ordenações do Reino[...]" [37]

O processo legislativo do Código Civil de 1916 foi marcado pela morosidade, e durante os longos dezessete anos que se arrastou nas duas casas do Congresso Nacional, em nenhum momento foi acusado do descuidado da questão social. [38] Nesse sentido, a lentidão na organização do Código resultou no descompasso entre as normas do código civil com a realidade social.

Ademais, a elaboração de um código, estava pautada mais na preocupação de sistematizar as normas de direito privado que correspondesse aos interesses da classe média e ao regime capitalista de produção. Isso porque, a classe média, que preparou o código, por seus juristas, embora preconizava imprimir um cunho liberal e progressista, estava atrelada aos interesses dos fazendeiros, que coincidiam com os interesses da burguesia, mas não toleravam certas

---

[37] SANTOS,1917, p.111, apud GOMES, 2006, p-8,9
[38] GOMES, 2006

ousadias.[39]

Mas, diferentemente das Ordenações Filipinas, o Código civil tanto de 1916 quanto o de 2002 sistematizaram as disposições referentes à incapacidade, abandonando os termos utilizados nas Ordenações e substituindo por outras expressões.

No código de 1916, em seu art. 5°, a pessoa com deficiência foi designada pela expressão "louco de todo gênero", que era absolutamente incapaz, no mesmo rol em que se encontravam os surdo-mudo, incapaz de manifestar à vontade. Beviláqua[40], ao comentar esse dispositivo aponta que o termo "louco de todo gênero" não é o mais apropriado, tendo em vista que o projeto do Código Civil, inicialmente previa a expressão "alienados de qualquer espécie", e explica que:

> Alienados são aqueles que por organização cerebral incompleta, por moléstia, localizada no encéfalo, lesão somática, ou vicio de organização, não gozam de equilíbrio mental clareza de razão suficiente para se conduzirem, socialmente, nas várias relações da vida.
> [...]
> O diagnóstico importa ao médico, ao jurista o que interessa é a vida social, que pode ser perturbada pela ação dos alienados[...]

No Código de 2002, nos artigos 3° e 4°, foram utilizadas as expressões "os que, por enfermidade ou deficiência mental, não tiverem o necessário discernimento"; e os que, mesmo por causa transitória, não puderem exprimir sua vontade", ao descrever o rol de absolutamente incapazes (antes da alteração implantada pelo Estatuto). Já, para se referir aos relativamente incapazes, os termos eram

---

[39] GOMES, 2006, p.31
[40] 1984, p.183

"os que, por deficiência mental, tenham o discernimento reduzido e os excepcionais, sem desenvolvimento mental completo". Maria Helena Diniz[41], traz uma interpretação acerca dos termos utilizados para se referir ao incapaz, na atual codificação civil:

> **Enfermidade ou deficiência mental:** Quem for portador de doença físico-psíquica ou de anomalia mental, congênita ou adquirida, que retire o discernimento para a prática dos atos da vida civil, deverá, sob pena de nulidade, ser representado por um curador. Todavia, é preciso que se tenha um estado duradouro, que justifique a interdição, ainda que interrompida por intervalos de lucidez.
>
> **Impossibilidade transitória para exprimir à vontade:** Aquele que, por doença que acarrete deficiência física (surdo-mudez, por exemplo) ou perda de memória, não puderem, ainda que temporariamente, manifestar sua vontade para praticar atos da vida civil deverão estar representados por um curador.
>
> [...]
>
> **Os que, por deficiência mental, tenham o discernimento reduzido e os Excepcionais sem desenvolvimento mental completo:** abrangidos estão, aqui: os fracos de mente, surdos-mudos e portadores de anomalia psíquica que apresentem sinais de desenvolvimento mental incompleto, comprovado e declarado em sentença de interdição, que os tornam incapazes de praticar atos na vida civil, sem assistência de um curador.

Importante esclarecer que, a impossibilidade transitória de exprimir a vontade não se confunde com os lúcidos intervalos admitidos nas Ordenações FIlipinas.

---

[41] 2002, p. 9-11

Refere-se aos que não podem manifestar sua vontade, ainda que temporariamente. Por exemplo, uma pessoa embriagada, que embora seja plenamente capaz, naquele momento, em que a embriaguez atinge sua consciência, não tem condições de manifestar a vontade, sendo a embriaguez uma causa transitória, ou seja, passageira. Nesses casos, a declaração de incapacidade depende de análise do caso concreto, tendo amparo da perícia médica.

Não obstante o emprego de diferentes disposições ao longo dos textos legislativos vigentes no Brasil, para regular o exercício dos direitos da pessoa com deficiência mental, a justificativa sempre fora a mesma, de modo que, limitar a capacidade civil era uma forma de proteção do incapaz, encarado como parte vulnerável, fazendo jus a tutela do Estado. Um exemplo de proteção refere-se à nulidade dos negócios jurídicos praticados pelos absolutamente incapazes[42], e a possibilidade de anular os atos praticados pelo relativamente incapaz[43]. Ademais não correm prazos prescricionais e decadenciais contra os absolutamente incapazes[44].

Interessante que, mesmo com a evolução do sistema de incapacidade, desde as Ordenações Filipinas até o Código Civil de 2002, percebe-se que não houve mudanças tão significativas de paradigmas. O Direito que nasce no Código Civil está "mais preocupado com o círculo social da família do que com os círculos sociais da nação, quando cogita de classes, é com certo capitalismo indisfarçado, porém ingenuamente convencido de sua função de consolidação e justiça social" [...] [45]

Na realidade, o Código Civil versa, em grande parte, sobre patrimônio, seja para adquirir, alienar, estabelecer o

---

[42] CC, art. 166, I
[43] CC, art. 171, I
[44] CC, art. 198, I e art.208.
[45] MIRANDA, 1928, p.489 apud GOMES, 2006, p.15

regime de bens do casamento, seja ao ditar regras de transmissão do patrimônio pós morte, estabelecendo como

critério de herança a relação de parentesco. Mas além das questões patrimoniais há outras voltadas ao núcleo familiar, que por muitas vezes, subestimou a capacidade civil das mulheres[46] e dos tutelados do núcleo familiar patriarcal[47],como se visualiza na regra do casamento para os menores de dezoito anos, em que se exige o consentimento de ambos os pais.

Embora o caráter predominantemente patrimonial das disposições do Código Civil, a teoria da incapacidade acabou transbordando para atingir também o exercício de atos relacionados aos direitos não patrimoniais, como por exemplo a constituição de casamento ou adoção de um filho, entre outros. No próximo capítulo será possível identificar como o Estatuto da pessoa com deficiência veio para romper esse paradigma, bem como entender os reflexos práticos dessas modificações.

---

[46] Na primeira codificação civil a mulher casada era considerada relativamente incapaz. (art. 6º, CC/16). Tal norma só foi abolida em 1962 com o advento do Estatuto da Mulher casada. Ademais, as mulheres precisavam da autorização do marido para exercer alguns atos da vida civil (*vide* art.242, do CC/16)

[47] Nos artigos a seguir do Código dos Estados Unidos do Brasil pode-se observar um exemplo do caráter patriarcal da norma: "Art. 185. Para o casamento dos menores de 21 (vinte e um) anos, sendo filhos legítimos, é mister o consentimento de ambos os pais. art. 186. Discordando eles entre si, **prevalecerá a vontade paterna**, ou, sendo separado o casal por desquite, ou anulação do casamento, a vontade do cônjuge, com quem estiverem os filhos". (grifo nosso)

CAPÍTULO III

O ESTATUTO DA PESSOA COM DEFICIÊNCIA E SEUS REFLEXOS LEGISLATIVOS NA TEORIA DA INCAPACIDADE CIVIL

3.1 O Estatuto e suas implicações

Este corpo legislativo, em vigência desde janeiro de 2016, criou suas raízes no ordenamento jurídico, pela necessidade de recepcionar os preceitos firmados pela Convenção Internacional sobre os Direitos das Pessoas com Deficiência[48], bem como seu Protocolo Facultativo aprovado por meio do Decreto nº 186, de 9 de julho de 2008.

A Convenção foi recepcionada no Brasil com força de Emenda Constitucional, por meio do Decreto 6.949/2009, isso porque os tratados e convenções internacionais sobre direitos humanos, serão equivalentes a Emendas Constitucionais.[49] Posto isso, a Constituição reconheceu que

---

48 O texto da convenção foi aprovado pela Assembleia Geral das Nações Unidas em 13 de dezembro de 2006 e promulgado pelo Brasil em 25 de agosto de 2009, através do Decreto n. 6.949
49 CF/88. Art. 5º. § 3º "Os tratados e convenções internacionais sobre direitos humanos que forem aprovados, em cada Casa do Congresso Nacional, em dois turnos, por três quintos dos votos dos respectivos

a pessoa com deficiência necessita de sua proteção por encontrar-se em situação de vulnerabilidade, para isso o Estado firma tutelas para suprir sua vulnerabilidade social, que não implica somente no viés patrimonial, mas também de cunho existencial.[50]

Nessa senda, a Convenção nasce da necessidade de promover a liberdade fundamental para as pessoas com deficiência, bem como assegurar a Dignidade da Pessoa Humana, nos termos do primeiro artigo da Convenção. Diferentemente das Ordenações Filipinas[51] que definiam a pessoa com deficiência mental como o "idiota" e "demente", ou do Código Civil de 1916 que usava o termo "louco de todo gênero", a Convenção, em seu art. 1º, define pessoa com deficiência como:

> [...]. Aquelas que têm impedimentos de longo prazo de natureza física, mental, intelectual ou sensorial, os quais, em interação com diversas barreiras, podem obstruir sua participação plena e efetiva na sociedade em igualdades de condições com as demais pessoas.

O Estatuto da Pessoa com deficiência, além de reiterar o conceito de Pessoa com Deficiência trazido na Convenção, ainda elenca, no art. 2º, §1º, critérios de avaliação da deficiência, que deverá ser biopsicossocial, e realizada por uma equipe multiprofissional e interdisciplinar. Na avaliação deverão ser considerados "os impedimentos nas funções e nas estruturas do corpo; os fatores socioambientais, psicológicos e pessoais; a limitação no desempenho de atividades; e a restrição de participação". Essa

---

membros, serão equivalentes às emendas constitucionais." (Incluído pela Emenda Constitucional nº 45, de 2004) (grifo nosso)

[50] MAIA, 2017, p. 5
[51] (IV, título CIII, em nota explicativa)

regulamentação, inclusive, poderá ser norteadora dos laudos médicos produzidos no andamento dos processos judiciais que versam sobre auxílios para exercício dos direitos da pessoa com deficiência.

Os critérios de avaliação da deficiência, carregado do viés interdisciplinar e multiprofissional, reafirma a necessidade de compreender o grau de limitação em diferentes áreas, isso porque a pessoa pode ter limitações no desempenho de alguma atividade, mas pode ser capaz de manifestar sua vontade e desejos, por exemplo.

Ademais, a Convenção promove a ideia de emancipação da pessoa com deficiência, que posteriormente refletirá na teoria da capacidade civil. Nesse sentido, a Convenção é norteada, dentro outros, pelo respeito à Dignidade da Pessoa Humana, de modo que, deve ser assegurado a liberdade[52] para a pessoa com deficiência fazer suas próprias escolhas. Observe o artigo 3º da Convenção Internacional Sobre os Direitos da Pessoa com Deficiência:

> Artigo 3. Princípios gerais. "Os princípios da presente Convenção são: a) O respeito pela **dignidade inerente**, a **autonomia individual**, inclusive a **liberdade de fazer as próprias escolhas**, e a **independência das pessoas**; b) A não-discriminação; c) A plena e efetiva participação e inclusão na sociedade; d) O respeito pela diferença e pela aceitação das pessoas com deficiência como parte da diversidade humana e da humanidade; e) A igualdade de oportunidades; f) A acessibilidade; g) A igualdade entre o homem e a mulher; h) O respeito pelo desenvolvimento das

---

[52] A liberdade para Kant vai muito além da escolha por qual produto comprar ou vender, explica que, agir livremente "não é escolher as melhores formas para atingir determinado fim, é escolher o fim em si", pois agir com liberdade é essencial agir com autonomia, e é essa capacidade que estabelece a diferença entre pessoas e coisas.(Sandel 2012, p.140-141)

> capacidades das crianças com deficiência e
> pelo direito das crianças com deficiência de
> preservar sua identidade. (2009) (Grifo
> nosso

Nessa perspectiva, o Estatuto, em seu artigo 4°, reafirma o princípio Constitucional da isonomia, bem como veda qualquer tipo de discriminação contra a pessoa, em razão da deficiência, que acarrete na restrição ou exclusão que prejudique, impeça ou anule o reconhecimento ou exercício dos direitos e das liberdades fundamentais da pessoa com deficiência

3.2 As modificações pertinentes ao Sistema de Incapacidade Civil

Consubstanciado no pilar da autonomia da pessoa com deficiência, bem como na proibição da discriminação quanto a reconhecimento e ao exercício dos seus direitos, o Estatuto esclarece, em seu artigo 6° que a deficiência não afeta a plena capacidade civil da pessoa.

Anteriormente a pessoa com deficiência detinha de capacidade de direito, porém o exercício desses direitos era nulo ou limitado. O sistema de incapacidade civil no Brasil, considerava alguns fatores para limitar o exercício dos direitos do sujeito: a maturidade, estabelecida pelo critério etário, consubstanciada pela menoridade e maioridade civil; o transtorno mental "[...]a impossibilidade de manifestação volitiva (causa incapacitante transitória ou permanente); a dependência química (ebriedade ou toxicomania); a compulsividade auto lesiva econômica (prodigalidade) ". [53]

---

[53] MARTINS, 2015, p.3

Contudo, o Estatuto, em seu art. 6°, ao homenagear o Princípio da Dignidade da Pessoa Humana fez com que a deficiência deixasse de implicar na presunção de incapacidade civil plena.

Percebam que está em crescimento a tendência da aplicação dos direitos fundamentais no direito privado, o que pressupõe a prevalência da eficácia horizontal dos direitos fundamentais. Com isso, a aplicação das regras constitucionais no direito privado fez surgir uma nova perspectiva: o direito civil-constitucional, baseado numa "interação simbólica", entre os sistemas, que são, deste modo interpretados conjuntamente.[54]

Partindo do entendimento da incidência dos direitos fundamentais no direito privado, o Estatuto da pessoa com deficiência, carregado de princípios Constitucionais, especialmente, como já mencionado, o da Dignidade da Pessoa Humana, implicou em mudanças no Código Civil, especialmente na teoria da incapacidade. Isso porque os Estados Partes, ao firmarem a Convenção sobre os direitos da pessoa com deficiência, no art. 4°, se comprometeram a:

> a) adotar todas as medidas legislativas, administrativas e de qualquer outra natureza, necessárias para a realização dos direitos reconhecidos na presente Convenção;
> b) adotar todas as medidas necessárias, inclusive legislativas, para **modificar ou revogar leis, regulamentos, costumes e práticas vigentes, que constituírem discriminação contra pessoas com deficiência** (grifo nosso).

---

[54] A expressão direito civil-constitucional apenas realça a necessária releitura do Código Civil e das leis especiais à luz da Constituição, redefinindo as categorias jurídicas civilistas a partir dos fundamentos princípio lógicos constitucionais, da nova tábua axiológica fundada na dignidade da pessoa humana (art. I 2, III), na solidariedade social (art. 32, III) e na igualdade substancial (arts.32 e 52). Gonçalves (2014, p. 45)

Deste modo, ao passo que o artigo 6º do Estatuto da Pessoa com Deficiência que enuncia que "a deficiência não afeta a plena capacidade civil da pessoa", houve a revogação de alguns artigos do Código Civil, acarretando em limitações da incidência da teoria da incapacidade.

3.2.1 As alterações do rol de incapazes

Partindo do exposto, agora há um novo rol de absolutamente e relativamente incapazes. Nessa nova perspectiva, as pessoas com deficiência foram excluídas do rol de incapacidade absoluta. Já no rol dos relativamente incapazes foram mantidos os maiores de dezesseis anos e menores de dezoito, os ébrios habituais e os pródigos.

Foram excluídos "os que por deficiência mental tenham o discernimento reduzido. Já "aqueles que, por causa transitória ou permanente, não puderem exprimir sua vontade", migraram de absolutamente incapazes para relativamente incapazes. É o que se percebe, na tabela a seguir, através da leitura comparativa dos artigos 3º e 4º antes e após as revogações trazidas pelo Estatuto:

Tabela 1 – Comparativo dos absolutamente incapazes

Livro I: Das Pessoas; Título I: Das Pessoas Naturais; Capítulo I: Da personalidade e da Capacidade	
Código Civil (Redação Original)	Código Civil (Redação vigente)
Art.3º São absolutamente incapazes de exercer pessoalmente os atos da vida civil: I – Os menores de 16 (dezesseis) anos; II – Os que, por enfermidade ou deficiência mental, não tiverem o necessário discernimento para a prática desses atos; III – os que, mesmo por causa transitória, não puderem exprimir sua vontade;	Art. 3º São absolutamente incapazes de exercer pessoalmente os atos da vida civil os menores de 16 (dezesseis) anos. *II- REVOGADO* *III- REVOGADO*

Tabela 2 – Comparativo dos relativamente incapazes

Livro I: Das Pessoas; Título I: Das Pessoas Naturais; Capítulo I: Da personalidade e da Capacidade	
Código Civil (Redação Original)	Código Civil (Redação vigente)
Art. 4º São incapazes, relativamente a certos atos, ou à maneira de os exercer: I - Os maiores de dezesseis e menores de dezoito anos; II - Os ébrios habituais, os viciados em tóxicos, *e os que, por deficiência mental, tenham o discernimento reduzido;* *III – Os excepcionais, sem desenvolvimento mental completo;* IV - Os pródigos. Parágrafo único. A capacidade dos índios será regulada por legislação especial. (Grifo nosso)	Art. 4º São incapazes, relativamente a certos atos, ou à maneira de os exercer: I - Os maiores de dezesseis e menores de dezoito anos; II - Os ébrios habituais e os viciados em tóxico; III - Aqueles que, por causa transitória ou permanente, não puderem exprimir sua vontade; IV - Os pródigos. Parágrafo único. A capacidade dos indígenas será regulada por legislação especial

Fonte: Elaborado pela autora

A revogação dos itens II e III do artigo 4°, do Código Civil de 2002, que fez com que desaparecesse do rol de incapacidade civil, tanto relativa quanto absoluta "os que, por deficiência mental, tenham o discernimento reduzido e os excepcionais, sem desenvolvimento mental completo". Mas se necessário, a pessoa com deficiência poderá ter auxílios em suas tomadas de decisões através do novo instituto "da tomada de decisão apoiada" ou do instituto da Curatela, em casos extraordinários.

3.2.2 Da Tomada de Decisão Apoiada

O Estatuto da Pessoa com deficiência revogou o artigo 1780 do Código Civil, que se tratava da curatela por representação, que enunciava que: "A requerimento do enfermo ou portador de deficiência física, ou, na impossibilidade de fazê-lo, de qualquer das pessoas a que se refere o art. 1.768, dar-lhes-á curador para cuidar de todos ou alguns de seus negócios ou bens. "

Contudo normatizou um novel instituto, incluído no ordenamento jurídico brasileiro por força do artigo 116 do Estatuto que inseriu o artigo 1783-A no Código Civil. O artigo contém onze parágrafos e está inserido no Capítulo III, Título IV do Livro IV da Parte Especial do Código: "Da Tutela, da Curatela e da Tomada de Decisão Apoiada".

Consiste em um instituto para tutelar as limitações da pessoa com deficiência que desejam ter subsídios para as práticas dos atos civis. É na realidade um instrumento de apoio e não de substituição de vontade. Uma visão geral pode ser compreendida através da leitura do caput do artigo 1783-A do Código Civil, que define a Tomada de Decisão Apoiada como:

> [...] o processo pelo qual a pessoa com
> deficiência elege pelo menos 2 (duas)
> pessoas idôneas, com as quais mantenha
> vínculos e que gozem de sua confiança,
> para prestar-lhe apoio na tomada de
> decisão sobre atos da vida civil, fornecendo-
> lhes os elementos e informações
> necessários para que possa exercer sua
> capacidade. (Incluído pela Lei n° 13.146, de
> 2015) (Vigência)

O mecanismo, não atinge apenas as deficiências
mentais, mas engloba a deficiência física, intelectual e
sensorial, assim como define o artigo 2° do referido Estatuto:

> Considera-se pessoa com deficiência
> aquela que tem impedimento de longo
> prazo de natureza física, mental, intelectual
> ou sensorial, o qual, em interação com uma
> ou mais barreiras, pode obstruir sua
> participação plena e efetiva na sociedade
> em igualdade de condições com as demais
> pessoas.

O procedimento, assim como a Curatela, também é
realizado sob os trâmites judiciais, em que deverá ser ouvido
o Ministério público e a pessoa a ser apoiada, bem como as
pessoas indicadas para prestar o apoio, que deverão ser
ouvidas pessoalmente. Além disso, durante a audiência o
Juiz será subsidiado por uma equipe multidisciplinar. [55]

Como estabelece o Código Civil, em seu art. 1.783-A,
§§ 1° e 2°, o pedido da tomada de decisão apoiada será
requerido pela própria pessoa com deficiência, onde ela
deverá indicar, expressamente, pelo menos duas pessoas de
sua preferência para ser seus apoiadores, bem como
apresentar um termo que conferem os limites dos poderes

---

[55] (Código Civil, Art. 1.783-A, § 3°)

atribuídos. Ademais, os apoiadores prestarão compromisso de respeitar à vontade, os direitos e os interesses da pessoa a ser apoiada.

Além disso, a pessoa que será apoiada deverá estabelecer um período de vigência do acordo. Não obstante o estabelecimento de um período de vigência do termo, em razão do respeito à vontade da pessoa apoiada, ela poderá "a qualquer momento [...] solicitar o término de acordo firmado em processo de tomada de decisão apoiada. "[56]

A vigência do termo também deixará de subsistir quando o apoiador for destituído do processo de tomada de decisão apoiada, seja a requerimento do próprio apoiado, ou seja, em decorrência de denúncia apresentada ao Juiz ou ao MP, em que for constatada negligência nas ações do apoiador. Em ambos os casos, a destituição será condicionada à manifestação do Juiz, que se optar pela exclusão do apoiador, ouvirá a pessoa apoiada para que, caso queira, indique uma nova pessoa para substituir o então apoiador.[57]

Caso a pessoa apoiada não deseje a nomeação de um novo apoiador, mesmo que sem previsão legal expressa, mas pela interpretação do caput do próprio artigo 1783-A, que exige a escolha de no mínimo dois apoiadores, a tomada de decisão apoiada será extinta.

No exercício dos atos da vida civil[58], devem ser observados os limites do apoio acordado no processo no novel instituto, tendo em vista que não terão validades e efeitos perante terceiros os atos que ultrapassam esses

---

[56] (§ 9 do art. 1.783-A, do Código Civil)
[57] Código Civil, art. 1.783-A, §§7- 10
[58]"Não se objetiva a representação do deficiente, mas o acompanhamento e o apoio em decisões sobre os atos da vida civil, isto é, sobre contratos ou negócios, declarações, assunção de compromissos, decisões e questões que encerram importância econômica ou patrimonial. Em outros atos próprios da subsistência e comuns da vida não se requer a participação dos apoiadores. [...]"

limites. Nas relações negociais, o terceiro, poderá solicitar que "[...]os apoiadores contra assinem o contrato ou acordo, especificando, por escrito, sua função em relação ao apoiado[59]

E nos casos em que os negócios jurídicos implicar em risco ou relevante prejuízo à pessoa apoiada e não houver consenso entre a pessoa e um de seus apoiadores, caberá ao Juiz decidir sobre a questão, sob oitiva do Ministério Público[60]. Quando se tratar de negócios jurídicos de pequena monta, em que também não haja consenso entre os apoiadores e a pessoa apoiada, deverá prevalecer à autonomia do apoiado.

O Estatuto da pessoa com Deficiência, embora instituiu um novo instituto da Tomada de Decisão Apoiada, não extinguiu a Curatela, inclusive ao novel instituto será aplicado as disposições gerais da Curatela, nos termos do artigo 1.783-A, § 11.

Ademais, segundo os membros da *VIII Jornada de Direito Civil*, um ou ambos os apoiadores da pessoa com deficiência podem se tornar curadores caso seja vontade da pessoa com deficiência. Vejamos:

Enunciado 639- art. 1.783-A

> **ENUNCIADO 639- Art. 1.783-A**
> - A opção pela tomada de decisão apoiada é de legitimidade exclusiva da pessoa com deficiência.
> - A pessoa que requerer o apoio pode manifestar, antecipadamente, sua vontade de que um ou ambos os apoiadores se tornem, em caso de curatela, seus curadores.

Mesmo que a pessoa com deficiência opte pelo institua da Tomada de Decisão apoiada ela não será cabível se a

---

[59] RIZZARDO, 2015, s. p.
[60] Código Civil, art. 1.783-A, §§4-6

condição da pessoa exigir a curatela. É o que diz o enunciado 640 da *VIII Jornada de Direito Civil:*

Enunciado 640- art.1.783-A

> **ENUNCIADO 640-** Art. 1.783-A: A tomada de decisão apoiada não é cabível, se a condição da pessoa exigir aplicação da curatela.

3.2.3 Os reflexos no instituto da Curatela

Como foi abordado no capítulo anterior, a curatela é um instituto de suprimento da incapacidade civil, destinado aos que já atingiram a maioridade civil, posto que os menores estão sujeitos à Tutela.[61]

Nesse passo, no ordenamento Jurídico brasileiro, a curatela, tradicionalmente, era destinada ao suprimento daqueles que não conseguiam, por si só, exercer os atos da vida civil. Acontece que, com o Advento do Estatuto, o instituto da Curatela passa a vigorar com uma nova estruturação. Isso porque as mudanças no rol de incapacidade, trazidas pelo Estatuto da Pessoa com deficiência, refletiram no instituto da Curatela.

Nesse sentido, as alterações dos artigos 3º e 4º do Código Civil, consequentemente modificaram o artigo 1.767 do mesmo Código. Com isso, houve uma reestruturação no que se refere ao rol de pessoas que se submetem ao instituto da Curatela. Vejam o comparativo na tabela a seguir

---

[61]"[...] a curatela, em sua figura básica, visa proteger a pessoa maior, padecente de alguma incapacidade ou de certa circunstância que impeça a sua livre e consciente manifestação de vontade, resguardando-se, com isso, também, o seu patrimônio, como se dá, na mesma linha, na curadoria (curatela) dos bens do ausente, disciplinada nos arts. 22 a 25 do CC/2002". (GAGLIANO,2017, p. 1347)

Tabela 3– Comparativo das pessoas que estão sujeitas a curatela

Livro IV: Do Direito de Família; Título IV Da Tutela, da Curatela e da Tomada de Decisão Apoiada, Capítulo II: Da Curatela; Seção I: Dos Interditos	
Código Civil (Redação Original)	Código Civil (Redação vigente)
Art. 1.767. Estão sujeitos a curatela: I - aqueles que, por *enfermidade ou deficiência mental*, não tiverem o necessário discernimento para os atos da vida civil; II - aqueles que, por outra causa duradoura, não puderem exprimir a sua vontade; III - *os deficientes mentais*, os ébrios habituais e os viciados em tóxicos; IV- os excepcionais sem completo desenvolvimento mental; (grifo nosso)	Art. 1.767. Estão sujeitos a curatela: I - aqueles que, por causa transitória ou permanente, não puderem exprimir sua vontade; *II- REVOGADO* III- os ébrios habituais e os viciados em tóxico; *IV – REVOGADO* V - os pródigos (grifo nosso)

Elaborado pela autora

Sendo assim, segundo a atual redação do Código Civil os deficientes mentais e os que por enfermidade ou deficiência mental não tiverem necessário discernimento para os atos da vida civil, e os excepcionais sem desenvolvimento mental completo não estão mais, obrigatoriamente, sujeitos a curatela.

Contudo, conforme o artigo 748 do Código de Processo Civil, o Ministério Público poderá promover a interdição da pessoa com doença mental grave. Não se trata exatamente de uma antinomia jurídica, tendo em vista que a doença mental grave se enquadra no inciso I do artigo 1.767 do Código Civil como causa transitória ou permanente que impossibilita a manifestação de vontade. O que acontece de fato é que o Código de Processo Civil não acompanhou a evolução terminológica do tratamento da pessoa com deficiência.

A mudança do artigo 1.767 do Código Civil aconteceu por força do artigo 84 §§ 1-3 do Estatuto da Pessoa com Deficiência que estatuiu, com base no princípio da isonomia e na vedação à discriminação, que a pessoa com deficiência poderá exercer sua capacidade legal em iguais condições com as demais pessoas. No entanto, quando necessário a pessoa com deficiência será submetida a curatela, isso porque agora a curatela é uma medida extraordinária, que deverá ser proporcional às limitações da pessoa com deficiência, a serem observadas em cada caso concreto.

Ao expor o assunto, Carlos Roberto Gonçalves[62] em seu curso de Direito Civil, afirma que "O Estatuto inova nesta matéria. Admite, por força do artigo 84, parágrafo 1º, a interdição de pessoa capaz[...]". No mesmo sentido é o comentário de Simão[63] "a curatela de pessoa capaz é algo inusitado na história e tradição do Direito brasileiro. A orientação do Estatuto é clara: mesmo com a curatela, não temos uma pessoa incapaz"

No entanto, a Curatela de pessoas capazes não é tão inusitado assim, isso porque já era previsto no artigo 1.780 do Código Civil, posteriormente revogado pelo Estatuto da pessoa com deficiência. O procedimento previsto neste artigo se tratava, na realidade, de uma curatela especial. Especial porque ela ocorria sem a interdição, destinada a pessoas capazes e apenas ao gerenciamento de bens.

Ademais não era necessário a falta de discernimento ou impedimento de manifestação de vontade. O que ocorria era, mera transferência de poderes para que o curador administrasse o patrimônio do curatelado.

---

[62] 2016, p. 118
[63] 2015, s. p.

Tabela 04– Revogação da Curatela Especial – artigo 1.780 do CC

Livro IV: Do Direito de Família; Título IV Da Tutela, da Curatela e da Tomada de Decisão Apoiada; Capítulo II: Da Curatela, Seção II: Da Curatela do Nascituro e do Enfermo ou Portador de Deficiência Física.	
Código Civil (Redação Original)	**Código Civil (Redação vigente)**
Art. 1.780. A requerimento do enfermo ou portador de deficiência física, ou, na impossibilidade de fazê-lo, de qualquer das pessoas a que se refere o art. 1.768, dar-se-lhe-á curador para cuidar de todos ou alguns de seus negócios ou bens.	*REVOGADO*

Fonte: Elaborado pela autora

Nesse sentido, já se tratava de uma curatela de pessoas capazes, destinada principalmente a quem detinha de alguma dificuldade de locomoção. Esse entendimento pode ser observado pela decisão do Relator Des. Eduardo Andrade, em 2011:

> Ementa: APELAÇÃO. PEDIDO DE CURATELA - "Enfermo ou portador de deficiência física" - Pessoa idosa com grave limitação de locomoção - dificuldade de desempenhar atividades cotidianas, sem ajuda de terceiros - nomeação de curadora para cuidar de seus negócios e bens - possibilidade 43 - art. 1.780, do código civil - "curatela-mandato", de menor extensão. Interdição - descabimento - capacidade mental preservada. (APELAÇÃO CÍVEL N° 1.0024.10.132636-1/001 - COMARCA DE BELO HORIZONTE - APELANTE(S): W.L.B. - RELATOR: EXMO. SR. DES. EDUARDO ANDRADE, julgado em 25/10/2011)

Nesse mesmo sentido, atualmente, a pessoa com deficiência, mesmo capaz, quando necessário, e de maneira excepcional poderá se utilizar do instituto da Curatela. É o que dispõe o artigo 84 do Estatuto:

> [...]
> § 1º Quando necessário, a pessoa com deficiência será submetida à curatela, conforme a lei.
> § 2º É facultado à pessoa com deficiência a adoção de processo de tomada de decisão apoiada.
> § 3º A definição de curatela de pessoa com deficiência constitui medida protetiva extraordinária, proporcional às necessidades e às circunstâncias de cada caso, e durará o menor tempo possível.
> [...]

Além disso, o artigo 85 do Estatuto da Pessoa com Deficiência enuncia que "a curatela afetará tão somente os atos relacionados aos direitos de natureza patrimonial e negocial." O que pressupõe que, a Curatela não poderá atingir outra esfera senão a dos direitos patrimoniais e negociais, isso porque o artigo 6º do Estatuto da Pessoa com deficiência, concede liberdade para pessoa com deficiência tomar decisões de cunho existencial, como por exemplo casar-se ou constituir uma união estável, conforme pode ser observado pela redação do artigo:

> Art. 6º. **A deficiência não afeta a plena capacidade civil da pessoa,** inclusive para: I - casar-se e constituir união estável; II - exercer direitos sexuais e reprodutivos; III - exercer o direito de decidir sobre o número de filhos e de ter acesso a informações adequadas sobre reprodução e planejamento familiar; IV - conservar sua fertilidade, sendo vedada a esterilização compulsória; V - exercer o direito à família e à convivência familiar e comunitária; e VI

- exercer o direito à guarda, à tutela, à curatela e à adoção, como adotante ou adotando, em igualdade de oportunidades com as demais pessoa.

Em decisão proferida em 2013, pelo Tribunal de Justiça do Rio de Janeiro, fica evidenciado que a curatela de pessoas capazes restrita apenas à administração patrimonial era o que ocorrida na Curatela Especial. A possibilidade já existia antes do advento do Estatuto, no já mencionado artigo 1.780 do Código Civil. O que gera a impressão que, houve um aprimoramento e extensão do artigo 1.780 do CC. Essa possibilidade também era conhecida como "curatela mandato". Observe:

> [...] sob essa ótica, o art. 1780 do Código Civil ampliou o rol das curatelas especiais e introduziu no ordenamento jurídico **a chamada curatela mandato**, em que diante da ausência de condições físicas para a prática de atos da vida civil, é nomeado curador para gerir bens ou negócios do curatelado. **Nesta espécie de curatela não há incapacidade mental do curatelado: ele mantém o domínio de sua vontade, mas diante de impossibilidade física, não pode administrar seus próprios negócios.** O caso dos autos, contudo, é diverso, já que o teor das razões recursais deixa claro que a autora sofre de esquizofrenia e, alegadamente, seria absolutamente incapaz. Assim, a situação é típica de ação de interdição, a ser deduzida pela via própria[...]
> (TJ-RJ - AI: 00312275220138190000 RIO DE JANEIRO ILHA DO GOVERNADOR REGIONAL 2 VARA CIVEL, Relator: CARLOS SANTOS DE OLIVEIRA, Data de Julgamento: 06/08/2013, VIGÉSIMA SEGUNDA CÂMARA CÍVEL, Data de Publicação: 15/08/2013) (grifo nosso)

A diferença é que, a mencionada curatela mandato, antes prevista no artigo 1.780 do Código Civil, destinava-se às pessoas com limitações físicas para as praticar os atos da vida civil. Mas nos casos em que a pessoa detinha de alguma doença mental, que influísse na sua manifestação de vontade, esta era submetida à interdição. Já o referido Estatuto (art. 85) não faz essa distinção, quando dita que: "a curatela afetará tão somente os atos relacionados aos direitos de natureza patrimonial e negocial", refere-se à curatela de modo geral, e não somente na situação elencada no então artigo 1780 do Código Civil.

Todavia existe uma antinomia entre o Estatuto da Pessoa com Deficiência e as disposições do Código de Processo Civil, pois conforme o CPC/2015 a curatela poderá atingir os atos de natureza existenciais, pois seus limites depende do estado e do desenvolvimento mental do curatelado. Vejam:

Tabela 05 – Comparativo dos limites da curatela no CC e CPC.

Antinomia jurídica	
Estatuto da Pessoa com deficiência	Código de Processo Civil- CPC/2015
Art. 85. A curatela afetará <u>tão somente</u> os atos relacionados aos direitos de <u>natureza patrimonial e negocial.</u> § 1° A definição da curatela não alcança o direito ao próprio corpo, à sexualidade, ao matrimônio, à privacidade, à educação, à saúde, ao trabalho e ao voto. (grifo nosso)	Art. 755. Na sentença que decretar a interdição, o juiz: I - nomeará curador, que poderá ser o requerente da interdição, e fixará os limites da curatela, *segundo o estado e o desenvolvimento mental do interdito;* [...] (grifo nosso)

Não obstante o artigo 85 do Estatuto da Pessoa com deficiência enunciar que a curatela se limita à atos de natureza patrimonial e negocial, os membros da *VIII Jornada de Direito Civil* foram ao encontro do que dispõe o artigo 755, inciso I do Código de Processo Civil. Portanto, apresentaram um enunciado no sentido de admitir, em alguns casos, que a curatela alcance atos de natureza existencial. Vejamos:

Enunciado 637- art.1.767

> **ENUNCIADO 637:** Art. 1.767: Admite-se a possibilidade de outorga ao curador de poderes de representação para alguns atos da vida civil, inclusive de natureza existencial, a serem especificados na sentença, desde que comprovadamente necessários para a proteção do curatelado em sua dignidade

A justificativa do Enunciado 637 é a aplicação do princípio da norma mais favorável, presente no artigo 4º, item 4 da Convenção Internacional sobre os Direitos das Pessoas com Deficiência. Vejamos:

> 4.Nenhum dispositivo da presente Convenção afetará quaisquer disposições mais propícias à realização dos direitos das pessoas com deficiência, as quais possam estar contidas na legislação do Estado Parte ou no direito internacional em vigor para esse Estado. Não haverá nenhuma restrição ou derrogação de qualquer dos direitos humanos e liberdades fundamentais reconhecidos ou vigentes em qualquer Estado Parte da presente Convenção, em conformidade com leis, convenções, regulamentos ou costumes, sob a alegação de que a presente Convenção não reconhece tais direitos e

liberdades ou que os reconhece em menor grau.

Outra alteração diz respeito as disposições do artigo 1.777. Na redação original do Código Civil, as pessoas curateladas que não se adaptassem ao convívio doméstico seriam recolhidas[64] em estabelecimentos adequados. Na redação vigente prevalece o direito à convivência familiar e comunitária.

Tabela 06 – Direito à convivência familiar e comunitária

Livro IV: Do Direito de Família; Título IV Da Tutela, da Curatela e da Tomada de Decisão Apoiada; Capítulo II: Da Curatela, Seção I: Dos Interditos	
Código Civil (Redação Original)	Código Civil (Redação vigente)
Art. 1.777. Os interditos referidos nos incisos I, III e IV do art. 1.767 serão recolhidos em estabelecimentos adequados, quando não se adaptarem ao convívio doméstico.	Art. 1.777. As pessoas referidas no inciso I do art. 1.767 receberão todo o apoio necessário para ter *preservado o direito à convivência familiar e comunitária, sendo evitado o seu recolhimento em estabelecimento que os afaste desse convívio.* (grifo nosso)

---

[64] Art. 4º A internação, em qualquer de suas modalidades, só será indicada quando os recursos extra-hospitalares se mostrarem insuficientes.
§ 1º O tratamento visará, como finalidade permanente, a reinserção social do paciente em seu meio.
§ 2º O tratamento em regime de internação será estruturado de forma a oferecer assistência integral à pessoa portadora de transtornos mentais, incluindo serviços médicos, de assistência social, psicológicos, ocupacionais, de lazer, e outros.
§ 3º É vedada a internação de pacientes portadores de transtornos mentais em instituições com características asilares, ou seja, aquelas desprovidas dos recursos mencionados no § 2º e que não assegurem aos pacientes os direitos enumerados no parágrafo único do art. 2º. (Lei nº 10.216/2001)

No tocante ao Curador, com base na autonomia e respeito a vontade da pessoa com deficiência o Juiz sempre dará preferência, ao nomear um curador, para pessoas que tenham vínculo com a pessoa a ser curatelada, seja familiar, afetivo ou comunitário, segundo o art. 85, §3 do Estatuto.

O Estatuto da Pessoa com deficiência havia alterado a redação do artigo 1.772 do Código Civil, bem como acrescentado o seguinte parágrafo único: *"Para a escolha do curador, o juiz levará em conta a vontade e as preferências do interditando, a ausência de conflito de interesses e de influência indevida, a proporcionalidade e a adequação às circunstâncias da pessoa"*. Todavia o artigo 1.772 foi revogado pelo novo Código de Processo Civil.

Nesse sentido, após a revogação do artigo 1.772, prevalece, no Código Civil, uma ordem preferencial para escolha do curador e não mais a vontade e preferência do interditando. Contudo, percebe-se uma antinomia entre o Código Civil e o Código de Processo Civil, vejam:

Tabela 07 – Comparativo sobre a nomeação do curador

Antinomia Jurídica	
Código Civil	**Código de Processo Civil-CPC/2015**
Art. 1.775. O cônjuge ou companheiro, não separado judicialmente ou de fato, é, de direito, curador do outro, quando interdito. §1 o Na falta do cônjuge ou companheiro, é curador legítimo o pai ou a mãe; na falta destes, o descendente que se demonstrar mais apto.	Art. 755. Na sentença que decretar a interdição, o juiz: [...] II - considerará as características pessoais do interdito, observando suas potencialidades, habilidades, vontades e preferências. § 1º A curatela deve ser atribuída a quem melhor

§ 2 o Entre os descendentes, os mais próximos precedem aos mais remotos. § 3 o Na falta das pessoas mencionadas neste artigo, compete ao juiz a escolha do curador.	possa atender aos interesses do curatelado. § 2° Havendo, ao tempo da interdição, pessoa incapaz sob a guarda e a responsabilidade do interdito, o juiz atribuirá a curatela a quem melhor puder atender aos interesses do interdito e do incapaz. [...]

Segundo os membros da *VIII Jornada de Direito Civil*, a ordem de preferência do artigo 1.775 deverá ser relativizada visando o melhor interesse do curatelado, isso porque, embora o artigo 1.772 tenha sido revogado pelo CPC/2015, ele era compatível com a Convenção Internacional dos Direitos das Pessoas com Deficiência. Nesse sentido deve prevalecer os termos do artigo 755 do Código de Processo Civil.

Enunciado 638-art.1775

> **ENUNCIADO 638**- Art. 1.775: A ordem de preferência de nomeação do curador do art. 1.775 do Código Civil deve ser observada quando atender ao melhor interesse do curatelado, considerando suas vontades e preferências, nos termos do art. 755, II e § 1°, do CPC.

Não obstante o respeito à vontade e autonomia da pessoa com deficiência, em casos de urgência o Juiz, poderá, de ofício, nomear um curador provisório. É o que assevera o artigo 87 do Estatuto da Pessoa com Deficiência:

> Art. 87. Em casos de relevância e urgência e a fim de proteger os interesses da pessoa com deficiência em situação de curatela,

será lícito ao juiz, ouvido o Ministério Público, de ofício ou a requerimento do interessado, nomear, desde logo, curador provisório, o qual estará sujeito, no que couber, às disposições do Código de Processo Civil.

Inclusive, após do advento do Estatuto, ambos os pais da pessoa com deficiência poderão ser curadores, por exemplo, isso porque o Estatuto trouxe a possibilidade da Curatela Compartilhada, observada pela leitura do artigo 1.775-A do Código Civil:

Tabela 08 – Criação da curatela compartilhada

Livro IV: Do Direito de Família; Título IV Da Tutela, da Curatela e da Tomada de Decisão Apoiada; Capítulo II: Da Curatela; Seção I: Dos Interditos	
Código Civil (Redação Original)	Código Civil (Redação vigente)
Não há correspondência	Art. 1.775-A. Na nomeação de curador para a pessoa com deficiência, o juiz poderá estabelecer curatela compartilhada a mais de uma pessoa. (grifo nosso)

Fonte: Elaborado pela autora

A previsão da curatela compartilhada, na realidade, só oficializará situações que de fato, já acontecem "na medida em que, em muitas famílias, é comum mais de um parente dispensar, ao mesmo tempo, cuidado, auxílio e atenção em favor do beneficiário da curatela"[65]

O artigo 1.768 do Código Civil, que tratava do rol de legitimados para propositura da ação de interdição também foi alterado pelo Estatuto. Primeiramente mudou-se o termo "interdição" para o termo "processo que define os termos da curatela". Quanto aos legitimados, acrescentou que, a

___

[65] (GAGLIANO ,2017, p 1348)

própria pessoa a ser amparada pela curatela poderá promover o processo de "interdição.

Isso também era previsão do artigo 1.780 do CC, nele a pessoa com deficiência ou enfermidade poderia ser parte legítima para requerer a curatela, que se restringia ao gerenciamento dos "negócios ou bens" do curatelado. Acontece que o novo Código de Processo Civil revogou inteiramente o artigo 1.768 do Código Civil, juntamente com os artigos 1.769; 1.770;1.771;1772 e 1.773, pois tratavam-se de normas processuais. Nesse sentido, agora o procedimento de interdição é regulado somente pelo Código de Processo Civil, nos artigos 747 a 763.

Tabela 09 – Comparativo rol de legitimados do processo de interdição

Antinomia Jurídica- artigo modificado pelo Estatuto, mas revogado integralmente pelo CPC.	
Código Civil (*artigo revogado pela Lei n º 13.105, de 2015 – CPC/2015*)	Código de Processo Civil
Art. 1.768. A interdição deve ser promovida (redação original) <u>Art. 1.768. O processo que define os termos da curatela deve ser promovido:</u> (Redação dada pela Lei nº 13.146, de 2015) I - pelos pais ou tutores; II - pelo cônjuge, ou por qualquer parente; III - pelo Ministério Público. <u>IV - pela própria pessoa. (Incluído pela Lei nº 13.146, de 2015)</u> (grifo nosso)	Art. 747. A interdição pode ser promovida: I - pelo cônjuge ou companheiro; II - pelos parentes ou tutores; III - pelo representante da entidade em que se encontra abrigado o interditando; IV - pelo Ministério Público. Parágrafo único. A legitimidade deverá ser comprovada por documentação que acompanhe a petição inicial.

Fonte: Elaborado pela autora

CAPÍTULO IV

ASPECTOS CONTROVERSOS DA NOVA TEORIA DA (IN)CAPACIDADE CIVIL E AS INCONGRUÊNCIAS PRÁTICAS E PROCESSUAIS

4.1 Da capacidade civil da pessoa com deficiência

Muitos civilistas afirmam que agora a Pessoa com deficiência é plenamente capaz. Pablo Stolze, por exemplo ensina que as pessoas com deficiência são dotadas de capacidade, mesmo que tenham que utilizar de institutos assistenciais para conduzir os atos da vida civil.[66]

No entanto, resta uma dúvida quanto a situação das pessoas com deficiência que não conseguem exprimir sua vontade. Elas são capazes, ou relativamente incapazes, nos termos do artigo 4º inciso III, do CC?

Para as pessoas que **"mesmo por causa transitória, não puderem exprimir a sua vontade"** foi inicialmente atribuída a incapacidade absoluta, mas com novo diploma legal a incapacidade passou a ser relativa. Portanto cabe pontuar se as pessoas com deficiência mental grave podem se enquadrar neste rol, sendo assim, relativamente incapazes.

Para Carlos Roberto Gonçalves não, pois segundo seu

---

[66] (GAGLIANO 2017, p. 51)

posicionamento doutrinário, o rol das pessoas que por causa transitória ou permanente não podem exprimir sua vontade não abrange as pessoas com deficiência, uma vez que se refere apenas a patologias como "arteriosclerose, excessiva pressão arterial, paralisia, embriaguez não habitual, uso eventual e excessivo de entorpecentes ou de substâncias alucinógenas, hipnose ou outras causas semelhantes", ou pessoas em estado de coma.[67]

Em um curso de Direito Civil, anterior ao advento do referido Estatuto, Lisboa[68] ao explicar esse rol de incapacidade, menciona que se enquadra nessa categoria "os surdo-mudo que não puder declarar sua vontade, o ausente, assim declarado por sentença judicial, os que se acham em estado de coma e assim por diante". E essa sempre foi a explicação de boa parte da doutrina.

E diante dessa antiga explicação, os dois primeiros mencionados doutrinadores entendem que a pessoa com deficiência é plenamente capaz, não cabendo o enquadramento no artigo 4º inciso III, do CC.

No entanto, a impressão que passa é que a doutrina não se preocupou em reformular sua teoria, apenas reproduzindo o que diziam nos livros anteriores às mudanças significantes no rol de incapacidade. Realmente, boa parte da doutrina mencionava que, os que mesmo "por causa transitória não puderem exprimir sua vontade" eram pessoas embriagadas ou em estado de coma por exemplo. Acontece que, antes não era necessário a doutrina enquadrar as pessoas com deficiência mental nesse rol uma vez que já existia um rol específico para elas: "os que por deficiência mental tivessem o discernimento reduzido e os que, por enfermidade ou deficiência mental, não tiverem o necessário discernimento para a prática desses atos". Com isso, as

---

[67] (GONÇALVES, 2016, p 117-118).
[68] (2002, p. 2016)

outras causas que restavam se encaixavam no rol dos que
por alguma causa não pudessem exprimir sua vontade.

Acontece que, houve mudanças no rol de incapazes,
mas a doutrina continuou citando os mesmos exemplos.
Uma compreensão razoável que se faz, com base na
interpretação sistemática da lei, é que a pessoa com
deficiência **poderá** ser relativamente incapaz.

A nova redação do artigo 4º do Código Civil, inclui no
rol taxativo de relativamente incapazes, **"aqueles que, por
causa transitória ou permanente, não puderem exprimir sua
vontade"**. Contudo, não há um rol taxativo com as causas
que impeçam temporária ou permanentemente a
exteriorização da vontade. Sendo assim, pela interpretação
lógica, qualquer causa, que mesmo não elencadas nos
demais incisos, que impeça a manifestação de vontade, faz
com que a pessoa seja relativamente incapaz para praticar
os atos da vida civil.

Nesse passo, a deficiência mental, por si só, deixa de
ser uma condição exclusiva de incapacidade e passa a ser,
quando couber, uma causa transitória ou permanente de
impedimento de manifestação de vontade. O Relator Donegá
Morandini, ao julgar uma apelação num processo de
interdição, também foi adepto a esse entendimento. Para ele
a pessoa com deficiência que não consegue exprimir sua
vontade é considerada relativamente incapaz, nos termos do
artigo 4º inciso, III do Código Civil:

Jurisprudência TJ-SP: Pessoa com deficiência que não consegue exprimir
a vontade é considerada relativamente incapaz (art. 4º, III, CC)
Desta feita, em havendo **"causa transitória ou
permanente"** (artigo 4º, inciso III, CC), **como aquela decorrente
de enfermidade mental, que impeça a pessoa natural de
exprimir sua vontade, está-se sempre diante de causa de
incapacidade relativa.**[...] Diante de todo o exposto, de rigor que
se proveja em parte o recurso para, reformada parcialmente a
r. sentença, **decretar a incapacidade relativa** do apelante,
restringindo a curatela a todos os atos relacionados aos direitos

de natureza patrimonial e negocial. (TJ-SP. AC: segredo de justiça, Relator: Donegá Morandini, Data do Julgamento 16/12/2016, data da publicação: 16/12/2016) [grifo nosso]

Com isso, a pessoa com deficiência pode ser relativamente incapaz. Mas não é a deficiência por si só que gera a incapacidade, até porque se assim fosse, seria incoerente com os preceitos da Convenção da Pessoa com Deficiência, principalmente o da não discriminação em razão da deficiência.

Nesse sentido, a deficiência não presume incapacidade, mas no caso concreto, se a deficiência for causa que implique no impedimento da manifestação de vontade, o mais razoável, tendo em vista o viés protetivo do sistema de incapacidade, é considerá-lo incapaz, e não em decorrência de rótulos pejorativos, mas sim em razão da proteção futura que fará jus.

Logo, a pessoa com deficiência poderá se enquadrar neste mencionado rol, mas não em razão da deficiência puramente, e sim apenas nos casos em que a deficiência impossibilitar a manifestação de vontade, como nos casos de doença mental grave.

Ademais, o Estatuto, em seu artigo 6º, impõe que "a deficiência não afeta a **plena** capacidade civil da pessoa" (destaque). Acontece que as capacidades plenas e absolutas são unívocas, o que faz com que a norma esteja se referindo a capacidade absoluta. Isso pressupõe que a deficiência poderá afetar a incapacidade, desde que não de maneira plena, mas sim de maneira relativa. Em outras palavras, por essa leitura não há proibição do enquadramento dessas pessoas no rol de incapacidade relativa.

Até porque, o artigo 4º do Estatuto enuncia que "a pessoa com deficiência tem direito à igualdade de oportunidades com as demais pessoas e não sofrerá nenhuma espécie de discriminação". E define discriminação como:

> § 1º Considera-se discriminação em razão da deficiência toda forma de distinção, restrição ou exclusão, por ação ou omissão, que tenha o propósito ou o efeito de prejudicar, impedir ou anular o reconhecimento ou o exercício dos direitos e das liberdades fundamentais de pessoa com deficiência[...]

Com isso, quando se enquadra a pessoa com deficiência que não consegue manifestar sua vontade no rol de incapacidade relativa, entre os **que por causa transitória ou permanente, não puderem exprimir sua vontade**, não há que se falar em qualquer discriminação ou restrição de direito, uma vez que a pessoa com deficiência está sendo tratada em igualdade com os demais, já que o que está em questão não é a mera deficiência e sim a deficiência como uma, dentre várias causas possíveis, que impeça a manifestação de vontade.

Aparentemente, a doutrina e os juristas contemporâneos ao afirmarem que com advento com Estatuto a pessoa com deficiência passou a ser absolutamente capaz se utilizaram meramente da interpretação literal, deixando no esquecimento os demais métodos hermenêuticos de interpretação.

A ideia é clara, a deficiência não presume incapacidade, mas quando a deficiência faz com que a manifestação de vontade seja impossível então, estamos diante sim de uma incapacidade, e neste caso, **tecnicamente**, relativa, uma vez que somente os menores de 16 anos são absolutamente incapazes no Código Civil.

Não se trata aqui de discriminação e sim de igualdade material, o mesmo ocorre no Direito do Consumidor, cujo o consumidor é tratado de maneira distinta em razão de sua vulnerabilidade. Portanto, tratar alguém que não tem discernimento para manifestar sua vontade em igualdade com os demais, é igualdade formal e não material, o que incorreria em desequilíbrio das relações jurídicas.[69]

Até porque, como já mencionado no primeiro capítulo, sob a ótica protetiva do sistema de incapacidade, não se trata de conceitos de cunho meramente formais, cada elemento que compõem o instituto da capacidade integram-se em materializar os efeitos práticos de tutela para quais foram feitos, posto o incapaz, parte vulnerável.

Acontece que, mais parece que a intenção da lei foi acabar com um rol pejorativo, e não com a proteção da pessoa com deficiência. Por isso a exclusão dos termos **enfermidade, deficiência mental, e excepcionais, sem desenvolvimento mental completo**. Em outras palavras, a intenção da revogação foi evidenciar que a enfermidade e doença mental, por si só, não são causas de incapacidade civil. O que causa a incapacidade civil é a impossibilidade de manifestação de vontade, de forma genérica, sendo desnecessário apontar se é por motivo de doença. Sendo assim, é perfeitamente aceitável que nos casos em que a deficiência impeça a exteriorização da vontade, a pessoa passe a ser relativamente incapaz.

---

[69] "A liberdade absoluta na convivência social conduz ao anarquismo, tal qual a igualdade artificial das desigualdades (igualdade absoluta), leva a despersonalização e a massificação. O igualitarismo absoluto é injusto porque trata aos seres humanos como unidades equivalentes, sem atentar ou atender as desigualdades fatídicas que os diferenciam. O princípio do tratamento igual não contém nada de rigidamente igualitário, pois só se refere aos casos de homogeneidade e não de uniformidade ou aos de tipicidade e não de identidade" (NOGUEIRA, 2008, p. 28).

4.2 Das consequências da mudança do rol de incapacidade civil

Com o advento do Estatuto da Pessoa com Deficiência a capacidade civil passou a ter uma nova valoração jurídica. Apenas os menores de dezesseis anos são considerados absolutamente incapazes.

Anteriormente, o sistema protetivo da incapacidade civil brasileira pautava-se em questões de cunho patrimonialistas, mesmo que isso custasse a autonomia do incapaz para decidir questões existenciais. Por isso a incapacidade era absoluta, pois atingia todo e qualquer ato da vida civil, inclusive o de se casar. Acontece que agora a incapacidade é relativa, pois atinge apenas os atos de natureza patrimonial e negocial. O que em sua essência foi benéfico, já que concedeu autonomia e dignidade aos incapazes.

No entanto, a transição da incapacidade absoluta para incapacidade relativa causou alguns desajustes, como na prescrição e decadência, e anulação dos negócios jurídicos, bem como gerou mudanças práticas nas formas de suprimento de incapacidade. (Assistência e representação)

4.2.1 Da inaplicabilidade da assistência

Conforme mencionado no primeiro capítulo, o instituto da assistência é uma forma de suprimento da incapacidade relativa. Com ele, o assistido consegue suprir suas limitações relativas de manifestação de vontade. Nesse sentido, na assistência, o ato jurídico deve ser praticado pelo titular do direito em conjunto com seu assistente, sendo assim é imprescindível a participação do relativamente incapaz, ele manifesta sua vontade com auxílio e esclarecimentos de uma pessoa absolutamente incapaz, como pais, tutor ou curador.

Na representação, é assegurada ao absolutamente incapazes o suprimento dos impedimentos que obstruem a manifestação de vontade, de modo que o representante atua em nome do incapaz. Todavia a representação, teoricamente só se aplica aos menores de 16 anos.

Esses institutos são essenciais para a proteção jurídica dos incapazes, uma vez "que lhes dá a necessária segurança, quer em relação à sua pessoa, quer em relação ao seu patrimônio, possibilitando o exercício de seus direitos."[70]

No entanto, a reforma no sistema da incapacidade parece ter destoado esses conceitos teóricos, isso porque, haverá inviabilidade prática de aplicar o referido instituto de suprimento de incapacidade em todos os casos de incapacidade relativa. É impossível, por exemplo, uma pessoa em estado de coma praticar o ato conjuntamente com seu assistente. Nesse sentido, far-se-á necessário uma representação prática de pessoas relativamente incapazes diante do caso concreto.

4.2.2 Da nulidade e anulabilidade dos negócios jurídicos

O negócio jurídico para que seja válido, dentro outros requisitos, exige-se que o agente seja capaz (art.104, CC). A capacidade civil do sujeito da relação jurídica é um elemento essencial do negócio jurídico, tendo em vista que "todo ato

---

[70] (GONÇALVES, 2014, p.119)

negocial pressupõe uma declaração de vontade. "[71]

Ademais, a validade da declaração de vontade não depende de forma especial (art. 107, CC), salvo quando lei exigir. Nos demais casos a exteriorização da vontade poderá se consubstanciar de forma livre, ou seja, através gestos, palavras escritas ou faladas, inclusive através do próprio silêncio[72].

No entanto, nos casos de incapacidade há um requisito especial para manifestar a vontade. Quando o agente é absolutamente incapaz este deverá exteriorizar a vontade através de representação de uma pessoa capaz que age em seu nome, e os relativamente incapazes deverão ter auxílio de uma pessoa capaz para praticar o ato conjuntamente. **Partindo desse pilar, o negócio Jurídico será nulo quando praticado sozinho por absolutamente incapaz; e anulável quando praticado por relativamente incapaz[73]**

Quando o negócio jurídico é anulável ele pode ser ratificado pelas partes, quando não incorrer em prejuízo aos interesses do incapaz. Mas a anulação deverá respeitar os prazos decadenciais previstos no artigo 178 do Código Civil. Já a declaração de nulidade do negócio jurídico pode ser alegada a qualquer tempo, por qualquer interessado, conforme dispõe o artigo 169 do CC.

Com isso, depois das mudanças ocorridas no sistema de incapacidade, em tese, apenas os menores de 16 anos se beneficiarão da nulidade do negócio jurídico e os demais perderam esse instituto protetivo, que tinha o condão de equilibrar uma relação jurídica desigual, em que a outra parte se aproveitava muitas vezes das dificuldades do contratante de manifestar sua vontade para levar vantagens no negócio jurídico. Por isso a importância de tornar o ato nulo.

---

[71] (Diniz, 2002 p.113)
[72] (Diniz, 2002)
[73] (Art. 166, 177, CC/2002)

Portanto, essa mudança legislativa, que retirou uma garantia protetiva daqueles que não conseguem manifestar sua vontade, foi em desencontro com o propósito da Convenção Internacional dos Direitos das Pessoas com Deficiência, presente no artigo primeiro:

> O propósito da presente Convenção é promover, **proteger** e **assegurar o exercício pleno e equitativo** de todos os direitos humanos e liberdades fundamentais por todas as pessoas com deficiência e promover o respeito pela sua dignidade inerente. (Grifo nosso)

Em todo caso, mesmo que não seja possível declarar a nulidade dos negócios jurídicos praticados pelo relativamente incapaz é importante ter em mente que "as declarações de vontade se atenderá mais à intenção nelas consubstanciada do que ao sentido literal da linguagem" (art. 112).[74] Portanto, a interpretação do negócio jurídico só será adequada se analisado as causas externas da manifestação da vontade, fixando o conteúdo da declaração (*mens declarantis).*

Ademais, na prática o intérprete ao solucionar a questão, no tocante aos negócios jurídicos prejudiciais à pessoa com deficiência mental que não consiga exprimir à vontade, deverá considerar a boa-fé (art. 113, CC).[75]

---

[74] "[...] caberá ao interprete investigar qual a real intenção dos contratantes, pois sua declaração apenas terá significação quando lhes traduzir a vontade realmente existente O que importa é a vontade real e não a declarada; daí a importância de desvendar a intenção consubstanciada na declaração. (DINIZ, 2002 p.120)"

[75] "O princípio da boa-fé está intimamente ligado, não só a interpretação do negócio jurídico, pois segundo ele, o sentido literal da linguagem não deverá prevalecer sobre a intenção inferida da declaração da vontade das partes, mas também ao interesse social de segurança das relações jurídicas[...] (Diniz, 2002, p. 121)"

Tal mudança foi prejudicial ao incapaz, que antes poderia alegar a nulidade a qualquer tempo e agora deve se pautar nos prazos de prescrição e decadência para suscitar a anulabilidade dos negócios jurídicos. Esse foi o mesmo entendimento do Tribunal de Justiça do Acre:

Jurisprudência TJ-AC: Prazo prescricional e decadencial para as pessoas com deficiência
1. A sentença de interdição tem natureza constitutiva, pois não se limita a declarar uma incapacidade preexistente, mas também a constituir uma nova situação jurídica de sujeição do interdito à curatela, com efeitos ex nunc de modo a se presumir, em regra, que a partir dela todos **os negócios jurídicos praticados pelo relativamente incapaz, sem a intervenção do curador, são anuláveis de pleno direito.**
2. De acordo com inovações realizadas pelo Estatuto da Pessoa com Deficiência (Lei nº 13.146/2015) no Código Civil, em seus artigos 3º, 4º, 1767e seguintes, está claro que o relativamente incapaz interditado por deficiência mental continuará na administração de seu patrimônio, recaindo a curatela somente à prática de atos negociais, os quais necessitam de assistência e anuência do curador. Incidência artigos 84 e 85 do citado Estatuto. (TJ-AC 0709199-13.2014.8.01.0001 AC 0709199-13.2014.8.01.0001 Relator: Regina Ferrari   Data de Julgamento: 25/04/2018 Segunda Câmara Cível Data da Publicação: 25/04/2018) [grifo nosso]

Todavia, essa alteração só é aplicada aos atos jurídicos ocorridos após a vigência do Estatuto da Pessoa com Deficiência, tendo em vista que os atos praticados pelo incapaz na vigência da antiga redação do artigo 3º do Código Civil serão considerados nulos, mesmo que a ação que declarar a nulidade for proposta na vigência da nossa redação. Isso porque, quando uma norma entre em vigor, ela só atinge as relações jurídicas ocorridas a partir da sua vigência.[76]

4.2.3 Da prescrição e decadência

Com intuito de equilibrar as relações jurídicas
realizadas por quem não detém de maturidade civil, o Código
civil impede que ocorra prescrição e decadência contra os
incapazes. Contudo, essa prerrogativa aplica-se tão somente
aos absolutamente incapazes. (CC, art. 198, I).

Com a vigência da Lei 13.146/2015, os prazos de
prescrição e decadência fluem em desfavor da Pessoa com
deficiência, o que evidencia que a autonomia e igualdade
concebida as Pessoas com deficiência teve seu preço.

Todavia, diante da percepção desse prejuízo, os
membros da *VIII Jornada de Direito Civil* propuseram uma
reforma legislativa no artigo 198 do Código Civil, vejamos:

Enunciado da VIII Jornada de Direito Civil: prescrição e decadência

ENUNCIADO PROPOSTO – Art. 198: *Contra os incapaze
s de que trata o art. 3º e contra aqueles que não possam, por c
ausa transitória ou permanente, exprimir sua vontade.*

Independentemente do enunciado proposto, é possível
utilizar-se da hermenêutica para proteger a parte vulnerável
da relação jurídica que não tem condições de agir. Isso
porque, não corre prazo prescricional em desfavor daquele
que não pode agir. Trata-se do princípio *contra non
valentem*.[77]

---

[76] (VENOSA, 2004)
[77] "a autoria do brocardo costuma ser atribuída a Bartolo de Sassoferrato,
o qual, diversamente dos demais juristas medievais, tratou da matéria
aludindo não apenas a impedimentos particulares do exercício dos

Nesse sentido o princípio *contra non valentem* se revela importante para preservar o direito do incapaz que não tem condições de agir, de modo que não deverá correr prescrição contra a pessoa com deficiência, se diante do caso concreto o magistrado constatar que o reclamado não detinha condições de agir.

Assim decidiu o Tribunal Regional Federal da 4º Região, ao tratar da matéria de prescrição, em decisão de outubro de 2018. Sustenta o relator Paulo Afonso Brum Vaz, que não deverá correr prescrição contra aquele que tem deficiência intelectual ou psíquica, pois o Direito não deve tratar essas pessoas em igualdade meramente formal frente aos demais, como se tivessem capacidade. Veja-se:

Jurisprudência TRF4: Relativização do art. 198 do CC: não corre prescrição contra relativamente incapazes (deficiência psíquica ou intelectual).
Embora a redação do art. 3º do Código Civil tenha sido alterada pela Lei 13.146/2015 ("Estatuto da Pessoa com Deficiência"), para definir como absolutamente incapazes de exercer pessoalmente os atos da vida civil apenas os menores de 16 anos, e o inciso I do art. 198 do Código Civil disponha que a prescrição não corre contra os incapazes de que trata o art. 3º, a vulnerabilidade do indivíduo portador de deficiência psíquica ou intelectual não pode jamais ser desconsiderada pelo ordenamento jurídico, ou seja, **o Direito não pode fechar os olhos à falta de determinação de alguns indivíduos e tratá-los como se tivessem plena capacidade de interagir em sociedade em condições de igualdade**. Assim, uma interpretação

---

direitos, mas em termos mais gerais; destaca-se, ainda, a relevância da doutrina canonística na elaboração do princípio, pois se considerava, então, "imoral" que o sujeito pudesse ser prejudicado pelo mero lapso temporal (*odiosa praescriptio*), e "inadmissível" que essa perda se produzisse sem que o titular tivesse tido a possibilidade, não apenas jurídica, mas também de fato, de fazer valer a pretensão (*item non currit praescriptio ubi ius non redditur propter defectum iuris vel rei*)".[grifo nosso] (Tescaro 2006, p. 28-29)

constitucional do texto do Estatuto deve colocar a salvo de qualquer prejudicialidade o portador de deficiência psíquica ou intelectual que, de fato, não disponha de discernimento, sob pena de ferir de morte o pressuposto de igualdade nele previsto, dando o mesmo tratamento para os desiguais. (TRF-4- AC 5002546-30.2016.4.04.7211/SC. RELATOR: Desembargador Federal PAULO AFONSO BRUM VAZ. Data de julgamento: 03/10/2018.Turma Regional Suplementar de SC) [grifo nosso]

4.2.4 Da quitação dada pela pessoa com deficiência e do recebimento de doação

Simão[78], aponta que a pessoa com Deficiência poderá ter prejuízos, já que agora a quitação feita por ela será válida e eficaz, isso porque antes preconizava o disposto no artigo 310 do Código Civil, que não considerava válido o pagamento feito ao incapaz, exceto se devedor provasse que reverteu o pagamento em benefício do incapaz.

No entanto, o artigo 310 do CC, menciona "credor incapaz de quitar", sem especificamente direcionar à capacidade absoluta ou relativa, o que se subentende que tal dispositivo aplica-se a qualquer tipo de incapacidade. Nesse sentido, se a pessoa com deficiência que não puder exprimir sua vontade, for declarada relativamente incapaz, assim como foi mencionado anteriormente na decisão do Tribunal de Justiça de São Paulo, então ela não terá prejuízos quanto a isso, já que no caso concreto o Juiz pode declarar sua incapacidade relativa, bem como declarar a ineficácia da

quitação. Até porque, toda interpretação das mudanças legislativas frente à pessoa com deficiência deve-se pautar na

---

[78] (2015)

vedação ao retrocesso.

Outro efeito prático do Estatuto da Pessoa com deficiência diz respeito ao recebimento de doação pura, ou seja, aquela que não é acompanhada de condições impostas pelo doador, como encargos.

Anteriormente, no Código Civil de 1916, aos incapazes era facultado aceitar doações puras. Em outras palavras, a lei civil da época, permitia que mesmo aqueles que não pudessem contratar, aceitassem doações puras. (art.1.170, CC/16). Uma parte da doutrina civilista encarava essa norma como contradição para teoria da incapacidade, uma vez que a incapacidade do sujeito deveria refletir em todos os atos, tanto para contratar quanto para aceitar doação.[79]

Nesse sentido, com intuito de superar essa antinomia, o Código Civil de 2002, em seu artigo 543[80], eliminou a necessidade de aceitação da doação pura por parte dos absolutamente incapazes. Essa modalidade de dispensa de manifestação de vontade denomina-se aceitação ficta, isso porque, a doação se consuma mesmo sem a anuência do donatário, pois, a dispensa de aceitação produz o mesmo efeito de um consentimento.[81]

Com isso, entre a vigência do Código de 1916 e o de 2002, ocorreram duas mudanças. No primeiro código, o incapaz recebia a doação e tinha poderes para manifestar a aceitação frente ao doador. No segundo, o absolutamente incapaz recebia a doação sem a necessidade de manifestar o aceite.

Isso quer dizer que, os que, por enfermidade ou deficiência mental, não pudessem exprimir sua vontade, poderiam receber doação através da aceitação ficta, mas após Estatuto da Pessoa com Deficiência a dispensa de

---

[79] GONÇALVES, 2017
[80] "Se o donatário for absolutamente incapaz, dispensa-se a aceitação, desde que se trate de doação pura"
[81] Gonçalves ,2017

aceitação para o recebimento de doação pura só atinge os menores de dezesseis anos.

O professor Paulo Lôbo[82], acredita que esse reflexo foi maléfico para pessoas com deficiência que não possam exprimir sua vontade, pois segundo ele, elas não poderão receber doação.

Por outro lado, o Procurador de Minas Gerais afirma que a aceitação ficta é um absurdo, uma vez que o incapaz "pode se tornar proprietário de bens perigosos e inadequados por mero ato unilateral do doador."[83] Portanto, segundo ele, esse reflexo prático não enseja em graves prejuízos à pessoa com deficiência que não consegue exprimir sua vontade, que antes era absolutamente incapaz, pois ao passo que recebia bens em doação sem a necessária aceitação, estava sujeito a ser proprietário de qualquer bem impróprio, por mera unilateralidade do doador.

Ademais, a pessoa com deficiência impedida de exprimir sua vontade, diferentemente do posicionamento de Lôbo, não deixará de receber bens em doação, já que existem outros instrumentos capazes de suprir essa alteração. Pois, apesar de serem excluídos da aceitação ficta, podem receber a doação através da aceitação expressa ou tácita, nos termos do artigo 539 do CC. Outrossim, não é porque a pessoa com deficiência não se valerá da aceitação ficta que ela deixará de receber doação, tendo em vista que se for necessário poderá contar com o apoio do curador ou da pessoa escolhida na Tomada de Decisão Apoiada.

---

[82] (2015)
[83] (ROCHA, 2008, s. p.)

4.2.5 Da responsabilidade da pessoa com deficiência por danos à terceiros

Outro reflexo prático do Estatuto é no tocante a responsabilidade da pessoa com deficiência dos danos causados à terceiros. O artigo 928 do Código Civil estabelece uma responsabilidade subsidiária do incapaz em relação aos danos causados à terceiro. Isso significa que, primeiramente deve ser cobrado o pagamento dos prejuízos ao representante legal (pais, tutores, curadores), e somente quando o representante não tiver condições de arcar com o pagamento, responderá o incapaz. Além disso, o Código Civil determina que, "Aquele que ressarcir o dano causado por outrem pode reaver o que houver pago daquele por quem pagou, **salvo se o causador do dano for descendente seu, absoluta ou relativamente incapaz**".[84]

Nesse sentido, se a pessoa com deficiência, que não puder exprimir sua vontade, não for enquadrada no inciso III, do artigo 4º do código civil (relativamente incapaz) deverá responder, inclusive com seu patrimônio, aos danos causados a terceiro, mesmo que o dano seja causado devido à falta de discernimento.

---

[84] Código Civil: Art. 934. (grifo nosso)

4.2.6 Do casamento

Outra questão que merece análise é a relacionada à validade do casamento realizado por pessoa com deficiência que não consegue exprimir sua vontade. O Estatuto, em seu 6º artigo, enuncia que a deficiência não afetará na autonomia da pessoa e liberdade para fazer suas escolhas, como casar-se por exemplo. Em consequência desse dispositivo, foram revogados alguns artigos do código civil, atinente ao casamento.

Houve alteração no artigo 1.518 do Código Civil no sentido de excluir a possibilidade de os curadores revogarem a autorização do casamento. Isso porque conforme a legalidade do Estatuto da Pessoa com deficiência a curatela não atingirá os atos de natureza existenciais.

Tabela 10 – Da revogação do casamento pelos pais e tutores

Livro IV: Do Direito de Família; Título I: Do Direito Pessoal; Subtítulo I: Do Casamento; Capítulo II: Da capacidade para o Casamento	
Código Civil (Redação Original)	Código Civil (Redação vigente)
Art. 1.518. Até à celebração do casamento podem os pais, tutores ou **curadores** revogar a autorização. (grifo nosso)	Art. 1.518. Até a celebração do casamento podem os pais ou tutores revogar a autorização.

Fonte: Elaborado pela autora

Na antiga redação do artigo 1.548, I, do Código Civil, era nulo o casamento contraído "pelo enfermo mental sem o necessário discernimento para os atos da vida civil", tal dispositivo foi revogado. Além disso, era considerado erro essencial sobre a pessoa do outro cônjuge nos termos do artigo 1.557, III e IV do CC:

Os erros supramencionados eram causas que tornavam o casamento anulável por vício de vontade, conforme artigo 1.550 do CC, mas, com a atual redação do CC, todos esses dispositivos que impediam o casamento da pessoa com deficiência foram revogados. Vejam:

Tabela 11– Comparativo das hipóteses de nulidade do casamento

Livro IV: Do Direito de Família; Título I: Do Direito Pessoal; Subtítulo I: Do Casamento; Capítulo VIII: Da invalidade do Casamento	
Código Civil (Redação Original)	Código Civil (Redação vigente)
Art. 1.548. É nulo o casamento contraído:	Art. 1.548. É nulo o casamento contraído
I - pelo enfermo mental sem o necessário discernimento para os atos da vida civil; II - por infringência de impedimento.	I- REVOGADO II - por infringência de impedimento.

Tabela 12 – Comparativo das hipóteses de anulabilidade do casamento

Livro IV: Do Direito de Família; Título I: Do Direito Pessoal; Subtítulo I: Do Casamento ; Capítulo VIII: Da invalidade do Casamento	
Código Civil (Redação Original)	Código Civil (Redação vigente)
Art. 1.550. É anulável o casamento: I - de quem não completou a idade mínima para casar; II - do menor em idade núbil, quando não autorizado por seu representante legal; III - por vício da vontade, nos termos dos arts. 1.556 a 1.558 ; IV - do incapaz de consentir ou	Art. 1.550. É anulável o casamento: I - de quem não completou a idade mínima para casar; II - do menor em idade núbil, quando não autorizado por seu representante legal; III - por vício da vontade, nos termos dos arts. 1.556 a 1.558; IV - do incapaz de consentir ou manifestar, de modo

manifestar, de modo inequívoco, o consentimento; V - realizado pelo mandatário, sem que ele ou o outro contraente soubesse da revogação do mandato, e não sobrevindo coabitação entre os cônjuges; VI - por incompetência da autoridade celebrante. § 1º. Equipara-se à revogação a invalidade do mandato judicialmente decretada.	inequívoco, o consentimento; V - realizado pelo mandatário, sem que ele ou o outro contraente soubesse da revogação do mandato, e não sobrevindo coabitação entre os cônjuges; VI - por incompetência da autoridade celebrante. § 1º. Equipara-se à revogação a invalidade do mandato judicialmente decretada. **§ 2 o A pessoa com deficiência mental ou intelectual em idade núbia poderá contrair matrimônio, expressando sua vontade diretamente ou por meio de seu responsável ou curador.** (grifo nosso)

Fonte: Elaborado pela autora

Tabela 13 – Comparativo das hipóteses de erro essencial sobre a pessoa do outro cônjuge

Livro IV: Do Direito de Família; Título I: Do Direito Pessoal; Subtítulo I: Do Casamento; Capítulo VIII: Da invalidade do Casamento	
Código Civil (Redação Original)	**Código Civil (Redação vigente)**
Art. 1.557. Considera-se erro essencial sobre a pessoa do outro cônjuge: I - o que diz respeito à sua identidade, sua honra e boa fama, sendo esse erro tal que o seu conhecimento ulterior torne insuportável a vida em comum ao cônjuge enganado; II - a ignorância de	Art. 1.557. Considera-se erro essencial sobre a pessoa do outro cônjuge: I - o que diz respeito à sua identidade, sua honra e boa fama, sendo esse erro tal que o seu conhecimento ulterior torne insuportável a vida em comum ao cônjuge enganado;

crime, anterior ao casamento, que, por sua natureza, torne insuportável a vida conjugal; III - a ignorância, anterior ao casamento, de defeito físico irremediável, ou de moléstia grave e transmissível, pelo contágio ou herança, capaz de pôr em risco a saúde do outro cônjuge ou de sua descendência; IV - a ignorância, anterior ao casamento, de **doença mental grave** que, por sua natureza, torne insuportável a vida em comum ao cônjuge enganado. (grifo nosso)	II - a ignorância de crime, anterior ao casamento, que, por sua natureza, torne insuportável a vida conjugal; III - a ignorância, anterior ao casamento, de defeito físico irremediável <u>**que não caracterize deficiência**</u> ou de moléstia grave e transmissível, por contágio ou por herança, capaz de pôr em risco a saúde do outro cônjuge ou de sua descendência; **IV- REVOGADO** (grifo nosso)

Nesse sentido, com a novel redação do Código Civil, as pessoas com deficiência mental ou intelectual poderão contrair matrimônio, "expressando sua vontade diretamente ou por meio de seu responsável ou curador" (art. 1.550, §2).

A permissão para o casamento por meio do curador é muito delicada, tendo em vista que a pessoa com deficiência ficou desprotegida, uma vez que o curador pode expressar a vontade de uma pessoa com deficiência que sequer tem discernimento para os atos da vida civil, decidindo o casamento contrário à vontade do incapaz, o que não é tão incomum de acontecer. O Tribunal de Justiça do Distrito Federal anulou um casamento sob o fundamento de que o nubente não tinha condições de consentir devido à um AVC, mas que teve o casamento consumado devido fraudes de terceiros:

Jurisprudência TJ DF: Anulação de casamento por incapacidade do nubente

APELAÇÃO CÍVEL. AÇÃO ANULATÓRIA DE CASAMENTO. PRELIMINAR DE CERCEAMENTO DE DEFESA REJEITADA. INCAPACIDADE DO NUBENTE DEVIDAMENTE DEMONSTRADA. PESSOA COM DEFICIÊNCIA. DEVER DE PROTEÇÃO PELO ESTADO BRASILEIRO. CONVENÇÃO DE NOVA YORK. DECRETO 6.949/2009. SENTENÇA MANTIDA.
[...]
2. Na forma do art. 1.550, IV, do Código Civil, é anulável o casamento do incapaz de consentir ou manifestar, de modo inequívoco, o consentimento. 2.1. Na situação em exame, o nubente sofreu variados AVCs nos anos anteriores ao casamento, o que comprometeu a sua lucidez e sua capacidade de tomar decisões em sua vida civil, fragilidade de saúde esta que era de conhecimento da ré, a qual atuava como cuidadora contratada. [...] (TJ-DF 0033238-05.2014.8.07.0016 - Segredo de Justiça 0033238-05.2014.8.07.0016 Relator: Gislene Pinheiro. Data do Julgamento: 07/11/2018. Orgão Julgador: 7° Turma Cível. Data da Publicação: 08/11/2018)

Portanto, essas inovações deverão ser aplicadas com cautela para não incorrer em prejuízo tanto para a pessoa quanto ao patrimônio dos que não conseguem ter discernimento para tal ato, que poderão ser induzidas a erro. Mesmo porque, o casamento foi permitido sem nenhuma restrição quanto ao regime de bens.

O lado positivo é a autonomia para a pessoa com deficiência e a possibilidade de formar uma família. Portanto não resta dúvida que essa permissão para o casamento pode benéfica em alguns casos, todavia, tendo em vista que não houve restrição quanto o regime de bens, é necessário que o Magistrado analise o caso concreto para dirimir eventuais conflitos patrimoniais causados a pessoa com deficiência. Ademais poderá ser utilizada a interpretação sistemática do artigo 1.550, IV, do CC, que dispõe ser anulável o casamento contraído por "incapaz de consentir ou manifestar, de modo inequívoco, o consentimento"

Assim, o dispositivo acima não refere à incapacidade civil, mas a incapacidade de manifestar consentimento. Vendo por esse lado, a pessoa com deficiência que não conseguir manifestar sua vontade não terá tantos prejuízos, uma vez que a incapacidade de exprimir o consentimento ainda é hipótese de anulabilidade do casamento.

O que se observa é que a mudança pretendeu excluir das hipóteses de nulidade e anulabilidade do casamento a enfermidade ou deficiência, isso porque, o que importa é a manifestação de vontade, seja com deficiência ou sem ela. Assim não é a deficiência por si só que gera incapacidade, mas sim a impossibilidade da manifestação da vontade da pessoa com Deficiência.

Portanto, se bem utilizada, essas mudanças poderão beneficiar a pessoa com deficiência, que poderá contar com o auxílio de uma equipe multiprofissional, para exteriorizar a vontade, quando não consegue exprimir sozinho.

4.3 (Des)construção da proteção da pessoa com deficiência que não consegue exprimir sua vontade

De antemão, cumpre pontuar que as revogações acima mencionadas geraram bastante controversas na esfera jurídica, principalmente no que se refere à proteção da pessoa com deficiência. Nesse cenário surgiram duas vertentes.

Uma que aponta que as modificações foram em desacordo com a dignidade da pessoa com deficiência, posto que a exclusão das pessoas do rol de absolutamente incapazes acabaram por desprotegê-las, pois não proporcionou a dignidade-vulnerabilidade. Determinar que alguém é capaz nos termos da lei não muda a realidade de sua capacidade de discernimento, portanto as mudanças incorreram em um desamparo jurídico.

A outra corrente aplaude o Estatuto, tendo em vista a autonomia concedida à pessoa com deficiência, pois o sistema de incapacidade agora é pautado na dignidade-liberdade das pessoas com deficiência. Filiam-se a esse entendimento, Paulo Lôbo, e Pablo Stolze.

Contudo, Stolze pondera que as modificações acarretaram em uma "desconstrução ideológica", e resultaram em diversos efeitos colaterais que deverão ser solucionados através de uma intensa adaptação Hermenêutica, pautada no princípio da vedação ao retrocesso. Ele acredita que "não convence inserir as pessoas sujeitas a uma causa temporária ou permanente, impeditiva de manifestação de vontade (com aquela que esteja em estado de coma), no rol dos relativamente incapazes"[85]

Já o juízo da Comarca de São Paulo, em decisão de primeira instância declarou inconstitucional as revogações dos artigos 3º e 4º do Código Civil, feitas pelo Estatuto da Pessoa com Deficiência, e reconheceu que essas modificações desampararam aqueles que necessitam de proteção do Estado, conforme observa-se a seguir:

---

[85] (2016)

Jurisprudência TJ-SP: Inconstitucionalidade das revogações dos artigos 3° e 4° do CC.

I. Ação de "Interdição e Curatela" movida por DENILSON DOMINICHELI e MARISA COLOMBO DOMINICHELI, contra RENAN DOMINICHELI. Relatam que o interditando, filho dos autores, é portador de deficiência mental severa relacionado à "Síndrome de Down", o que o torna total e permanentemente incapaz de exercer pessoalmente todos os atos da vida civil. Daí pleitearem seja decretada a interdição definitiva de Renan, nomeando-se seus genitores como curadores definitivos.

A r. sentença de fls. 82/85, de relatório adicionalmente adotado, julgou procedente a ação, para **"declarar, incidentalmente, a inconstitucionalidade parcial do artigo 114, da Lei n.° 13.146/2015, no que tange às alterações feitas nos artigos 3.° e 4.° do Código Civil", e para decretar a interdição definitiva de Renan**, com a nomeação de sua genitora como curadora

(TJ-SP- APL: 1007607-79.2015.8.26.0565 SP 1007607-79.2015.8.26.0565, Relator: Aroldo Viotti, Data do Julgamento 08/11/2016,11° Câmara de Direito Público, Data de Publicação: 08/11/2016).

Contudo, em outro caso semelhante, em que, em decisão de primeira instância também foi declarada a inconstitucionalidade parcial do artigo 114 da Lei n° 13.146/2015, o Tribunal de Justiça de São Paulo reformou a sentença por considerar que a Convenção sobre o direito das pessoas com deficiência tem *status* Constitucional. Além disso, declarou a capacidade relativa da parte, nos termos do artigo 4°, III, CC:

Jurisprudência TJ-SP: Não reconhece a inconstitucionalidade das revogações dos artigos 3° e 4° do CC.

AÇÃO DE INTERDIÇÃO. DECLARAÇÃO INCIDENTAL DE INCONSTITUCIONALIDADE DO ART. 114, DA LEI N° 13.146/15. ESTATUTO DA PESSOA COM DEFICIÊNCIA. INTERDIÇÃO ABSOLUTA. REFORMA DA SENTENÇA. **AUSÊNCIA DE INCONSTITUCIONALIDADE. ADEQUAÇÃO DA LEI À CONVENÇÃO SOBRE OS DIREITOS DAS PESSOAS COM DEFICIÊNCIA. STATUS CONSTITUCIONAL. INCAPACIDADE RELATIVA. ART. 4°, III, CC.** ATUAÇÃO DA CURADORA QUANTO AOS DIREITOS DE NATUREZA PATRIMONIAL E NEGOCIAL. APELAÇÃO DO MINISTÉRIO PÚBLICO PROVIDA. 1. A sentença declarou, incidentalmente, a inconstitucionalidade parcial do art. 114, da Lei n° 13.146/15 (Estatuto da Pessoa com Deficiência) e decretou a interdição absoluta da apelada. 2. Recurso do Ministério Público. Hipótese de provimento. 3. A Lei n° 13.146/15, no que tange ao estabelecimento da incapacidade relativa para os portadores de deficiência, está em conformidade com a Convenção Sobre os Direitos das Pessoas com Deficiência, promulgada pelo Decreto n° 6.949/2009, e com status equivalente ao de emenda constitucional (art. 5°, § 3°, CF). 4. Interditanda **tem 91 anos, é portadora de doença mental, de prognóstico incurável, e não exprime nenhum pensamento, nem vontade.** 5. Reforma da r. sentença para afastar a declaração incidental de inconstitucionalidade, decretar a interdição nos termos do art. 114, da Lei n° 13.146/15 e do art. 4°, III, CC, bem como para manter a nomeação da curadora, que poderá praticar os atos relacionados aos direitos de natureza patrimonial e negocial, conforme art. 85, da Lei n° 13.146/15. 6. Apelação do Ministério Público provida.(TJ-SP - APL: 10037659420158260564   SP   1003765-94.2015.8.26.0564, Relator: Alexandre Lazzarini, Data de Julgamento: 14/03/2017, 9ª Câmara de Direito Privado, Data de Publicação: 14/03/2017) (grifo nosso)

Observa-se, portanto, que ainda não há consenso jurisprudencial. No entanto, tramita o projeto de lei n°

757/2015 que pretende sanar essas divergências. A ementa do projeto enuncia que:

> O Estatuto da Pessoa com Deficiência e o Código de Processo Civil para não vincular automaticamente a condição de pessoa com deficiência a qualquer presunção de incapacidade, mas garantindo que qualquer pessoa com ou sem deficiência tenha o apoio de que necessite para os atos da vida civil.

O projeto de lei propõe, afim de sanar as incongruências que acarretaram a desproteção da pessoa com deficiência, dentre outras coisas, incluir no rol de absolutamente incapazes " os que, por qualquer motivo, não tiverem o necessário discernimento para a prática desses atos" e no rol de incapacidade relativa os ébrios habituais, os viciados em tóxicos e os que, por qualquer causa, tenham o discernimento severamente reduzido

Não restam dúvidas de que o Estatuto da pessoa com deficiência quebrou o viés patrimonialista da teoria da incapacidade civil, concedendo autonomia para a pessoa com deficiência. No entanto, percebe-se que tais mudanças resultaram em efeitos colaterais. Mas que, deverão ser solucionados caso a caso pelo Magistrado que observar algum prejuízo para a pessoa com deficiência. Até porque, prevalecerá o cumprimento a *mens legis* do Estatuto, pois a intenção não fora prejudicar e sim conceder liberdade e autonomia. No entanto essa liberdade não deverá desproteger a pessoa com deficiência.

Ademais, quando alguma norma é inadequada, isso conduz a crítica do positivismo exagerado, e pressupõe a aplicação da teoria tridimensional do direito, baseando-se em preceitos axiológicos. Até porque, conforme preceitua o artigo 5º da LIND "na aplicação da Lei, o Juiz atenderá aos fins sociais a que ela se dirige e às exigências do bem comum."

Nesse passo, o Relator Paulo Afonso Brum, em decisão proferida em outubro de 2018 pondera que, apesar das alterações legais, deverá ser feita uma interpretação sistemática da norma protetiva para não prejudicar a pessoa com deficiência que não tem o necessário discernimento para os atos da vida civil:

Jurisprudência TRF-4: interpretação sistemática do Estatuto da Pessoa com deficiência

> Sob pena de inconstitucionalidade, o "Estatuto da Pessoa com Deficiência" deve ser lido sistemicamente enquanto norma protetiva. As pessoas com deficiência que tem discernimento para a prática de atos da vida civil não devem mais ser tratados como incapazes, estando, inclusive, aptos para ingressar no mercado de trabalho, casar etc. **Os portadores de enfermidade ou doença mental que não têm o necessário discernimento para a prática dos atos da vida civil persistem sendo considerados incapazes, sobretudo no que concerne à manutenção e indisponibilidade (imprescritibilidade) dos seus direitos.** (TRF-4-AC 5002546-30.2016.4.04.7211/SC. RELATOR: Desembargador Federal PAULO AFONSO BRUM VAZ. Data de julgamento: 03/10/2018.Turma Regional Suplementar de SC) [grifo nosso]

Destarte, o que se observa é que, até que sejam sanados os atropelamentos legislativos, cabe ao Magistrado, decidir conforme o que for mais benéfico para a pessoa com deficiência, proferindo decisões sob um ponto de vista hermenêutico Constitucional.

CONCLUSÃO

A emancipação civil da Pessoa com deficiência desperta atenção para algumas peculiaridades geradas no sistema brasileiro de incapacidade. Elas se ramificação em dois questionamentos, primeiro no que se refere à liberdade e autonomia para as questões de existência significantes, como o casamento; e de outro lado a liberdade e autonomia em matéria de ordem negocial e patrimonial. Para entender o surgimento desses questionamentos foi preciso recapitular a sistemática da (in) capacidade civil brasileira.

Em nosso país, toda pessoa, desde o seu nascimento, é capaz de adquirir direitos ou obrigações, intitulado em nosso texto legal de personalidade jurídica, ou capacidade de direito. Acontece que, ter direitos é diferente de exercê-los. Nesse sentido, para ter capacidade de direito basta ser pessoa, e para ter capacidade de fato é preciso atender alguns requisitos da legislação vigente, que enumeram condições da pessoa, que a impossibilita de exercer sozinha os atos da vida civil.

Isso fez com que as leis civis diferenciassem aquelas pessoas que possuem plena capacidade, daquelas que têm sua capacidade inapta ou limitada. A justificativa é simples, em nosso meio social existem pessoas que conseguem exercer sozinhas os atos da vida civil. Essas são absolutamente capazes. Outras possuem total impedimento para praticar pessoalmente os atos da vida civil, necessitando que outra pessoa atue em seu nome. Para esse grupo, deu-se o nome de absolutamente incapazes. Existe um grupo intermediário, em que a pessoa consegue praticar alguns atos da vida civil, porém com limitações, os chamados relativamente incapazes.

Para diferenciar esses sujeitos, são elencadas, na legislação um rol taxativo, que enumera as situações de incapacidade civil. O sistema de incapacidade civil no Brasil, considerava alguns fatores para limitar o exercício dos direitos do sujeito: a maturidade, estabelecida pelo critério etário, consubstanciada pela menoridade e maioridade civil; o transtorno mental.

Por mais de três séculos, esses requisitos foram regulados pelas Ordenações Filipinas, que inclusive continuaram vigentes mesmo após a proclamação da independência do Brasil em 1822. Elas eram divididas em cinco livros e não detinham de um sistema unificado de capacidade civil, no entanto haviam disposições esparsas relativas à incapacidade da pessoa com deficiência. Elas são encontradas principalmente no Livro IV, mas há também disposições no livro I e V. No livro IV, art. 81 por exemplo, eram proibidos de fazer testamento, os homens menores de quatorze anos, as mulheres menores de doze anos e os "furiosos".

Mas diferentemente das Ordenações Filipinas, o Código civil tanto de 1916 quanto o de 2002 sistematizaram as disposições referentes à incapacidade, abandonando os termos utilizados nas Ordenações e substituindo por outras expressões.

Nas Ordenações Filipinas, o termo "pessoa com deficiência", não era empregado em seu corpo, suas escritas carregadas de termos inapropriados, marcados pelo reflexo do preconceito existente na época, se utilizava de diversas formas para se referir a pessoa com deficiência mental: mentecapto, furioso, sandeu, louco, desassisados e desmemoriados. E nos casos em que o curatelado causasse dano a outrem, ele seria entregue a seu pai, que deveria

85

aprisioná-lo, bem como cuidar de seu patrimônio, para que fosse evitada a ocorrência de novos danos[86].

No código de 1916, em seu art. 5º, a pessoa com deficiência foi designada pela expressão "louco de todo gênero", que era absolutamente incapaz, no mesmo rol em que se encontravam o surdo-mudo, incapaz de manifestar à vontade

No Código de 2002, nos artigos 3º e 4º, foram originalmente utilizadas as expressões "os que, por enfermidade ou deficiência mental, não tiverem o necessário discernimento"; e os que, mesmo por causa transitória, não puderem exprimir sua vontade", para descrever o rol de absolutamente incapazes. Já, para se referir aos relativamente incapazes, os termos eram "os que, por deficiência mental, tenham o discernimento reduzido e os excepcionais, sem desenvolvimento mental completo".

Após a vigência do Estatuto da Pessoa com Deficiência, *pessoas em estado de coma; com doença mental grave; sob efeito de alucinógenos, entre outras causas que impeçam a manifestação idônea de vontade*, possuem autonomia e liberdade, em nome da Dignidade da Pessoa Humana, isso porque, agora, a deficiência não afeta a plena capacidade civil da pessoa. (art. 6º da lei nº 13.146/2015) e em consequência disso, o novel Estatuto, alterou o artigo 3º do código civil, e agora apenas os menores de 16 anos são considerados absolutamente incapazes.

No decorrer do livro foi questionado sobre a capacidade civil da pessoa com deficiência mental grave que não consegue exprimir sua vontade. Observa-se que ela passou a compor o rol de relativamente incapazes, denominado "aqueles que, por causa transitória ou permanente, não puderem exprimir sua vontade" (art. 4º, inc. III, CC).

---

[86] (Ord.; IV, CIII,2)

Não obstante parte da doutrina, como Pablo Stolze e Carlos Roberto Gonçalves ensinarem que agora a pessoa com deficiência mental é absolutamente capaz, mesmo que faça usos de institutos protetivos como a Curatela e a Tomada de Decisão Apoiada; o entendimento do Tribunal de Justiça de São Paulo[87], ao julgar uma apelação civil foi no sentido de enquadrá-las no rol de relativamente incapazes, nos termos do art. 4º, inc. III, CC.

Mas, independentemente do rol de incapacidade, a pessoa com deficiência poderá escolher um assistente para prestar auxílio na tomada de decisões (art. 1783-A, CC) ou requerer um curador para que prestem apoio no tocante às questões patrimoniais e negociais (art.1.767, CC).

Inclusive, após do advento do Estatuto, ambos os pais da pessoa com deficiência poderão ser curadores, por exemplo, isso porque o Estatuto trouxe a possibilidade da Curatela Compartilhada, observada pela leitura do artigo 1.775-A do Código Civil: "na nomeação de curador para a pessoa com deficiência, o juiz poderá estabelecer curatela compartilhada a mais de uma pessoa", além de que a pessoa com deficiência é parte legítima para propor sua interdição.

Outra questão que foi analisada diz respeito à validade do casamento realizado pela pessoa com deficiência, que não consegue exprimir sua vontade. O Estatuto, em seu 6º artigo, enuncia que a deficiência não afetará na autonomia da pessoa e liberdade para fazer suas escolhas, como casar-se por exemplo. Com isso é possível vislumbrar uma incongruência normativa.

Na nova redação do artigo 1.550§ 2 do Código civil, é permitido que a pessoa com deficiência contraia matrimônio manifestando seu consentimento pessoalmente, ou,

---

[87] (TJ-SP. AC: segredo de justiça, Relator: Donegá Morandini, Data do Julgamento 16/12/2016, data da publicação: 16/12/2016)

inclusive, **por meio de seu responsável ou curador.**

De outro lado, o Estatuto dispõe que a curatela da pessoa com deficiência limitar-se à atos jurídicos negociais e patrimoniais (art.85). Tal preceito foi recepcionado pela jurisprudência, em decisão proferida em 2013, pelo Tribunal de Justiça do Rio de Janeiro[88].

Ora, o casamento é questão de ordem existencial e poderá ser consumado através do curador do incapaz. Portanto é evidente a incongruência normativa entre o artigo 1.550§ 2 do CC e o artigo 85 do Estatuto, uma vez que os poderes da curatela se limitam somente às questões negociais e patrimoniais, e seria ilegítimo qualquer ato que ultrapassasse essas limitações.

Ainda, no tocante ao casamento, fica complicado conceder total liberdade sem vigilância, isso porque, a pessoa com deficiência poderá ser alvo fácil de terceiros de má fé, que não são incomuns entre o homem médio. O Tribunal de Justiça do Distrito Federal, por exemplo, já anulou um casamento sob o fundamento de que o nubente não tinha condições de consentir devido à um AVC, mas que teve o casamento consumado devido fraudes de terceiros.[89]

Ademais, é importante ter em mente que, se na celebração do casamento, o nubente for incapaz de consentir ou de manifestar de maneira idônea seu consentimento, este casamento poderá ser anulado. (Art. 1550, IV, CC), o que coloca em fragilidade a liberdade para o casamento concedida no artigo 1.550§ 2 do CC.

---

[88] (TJ-RJ - AI: 00312275220138190000 RIO DE JANEIRO ILHA DO GOVERNADOR REGIONAL 2 VARA CIVEL, Relator: CARLOS SANTOS DE OLIVEIRA, Data de Julgamento: 06/08/2013, VIGÉSIMA SEGUNDA CÂMARA CÍVEL, Data de Publicação: 15/08/2013)

[89] (TJ-DF 0033238-05.2014.8.07.0016 - Segredo de Justiça 0033238-05.2014.8.07.0016 Relator: Gislene Pinheiro. Data do Julgamento: 07/11/2018. Órgão Julgador: 7º Turma Cível. Data da Publicação: 08/11/2018).

Não restam dúvidas que, em alguns casos, essa permissão para o casamento é benéfica, todavia, tendo em vista que não houve restrição quanto o regime de bens, é necessário que o Magistrado analise o caso concreto para dirimir eventuais conflitos patrimoniais causados a pessoa com deficiência.

Retornando ao panorama geral, outra questão que merece destaque são os reflexos práticos das alterações do sistema brasileiro de incapacidade, isso porque, cumpre dizer que, sob a ótica protetiva, não se trata de conceitos de cunho meramente formais, cada elemento que compõem o instituto da incapacidade integram-se em materializar os efeitos práticos de tutela para quais foram feitos, posto o incapaz, parte vulnerável. Desta maneira, não basta que o Estado constitua novos direitos, ou, legitime um direito natural, é necessário oferecer mecanismos e instrumentos capazes de assegurar o exercício desses direitos.

Nesse passo, deslocar o rol de incapacidade civil cria impactos no tocante ao exercício dos direitos das pessoas que não conseguem manifestar sua vontade. Isso porque alguns mecanismos protetivos só se aplicam aos absolutamente incapazes; como a anulação dos negócios jurídico, e o impedimento do transcurso dos prazos de prescrição e de decadência.

Quando o Estado firma institutos de tutela do indivíduo, a ideia é que se tenha direitos e capacidade de exercê-los, além de possibilidades jurídicas para suprir as limitações no exercício dos direitos. Assim, quem de fato não tem discernimento para exprimir sua vontade, deve ser assegurado mecanismos de proteção a fim de equilibrar as relações jurídicas.

Contudo, a percepção positiva quanto ao EPD decorre de análise histórica. Como foi percebido nos primeiros capítulos, a pessoa com deficiência foi desagregada da sociedade, discriminada como "incapaz" e tratada sem dignidade, consequentemente, sem autonomia, e durante longos séculos, desde a história antiga, receberam basicamente duas formas de tratamento: de um lado a rejeição e exclusão e de outro a proteção assistencial piedosa.

Além disso, o sistema protetivo era baseado em cunhos patrimonialista, privando a pessoa com deficiência de exercer direitos existenciais básicos, como se casar por exemplo, pois toda preocupação se pautava em proteger o patrimônio do incapaz, mesmo que isso custasse sua autonomia.

Junto com a desconstituição do viés patrimonialista da teoria da incapacidade civil, houve também uma desconstrução simbólica, que rompe a ideia de atrelar a deficiência à presunção de incapacidade. Quando uma pessoa é rotulada incapaz, isso gera uma carga linguística pejorativa, que consequentemente infere na identidade da pessoa de maneira depreciativa. Nesse sentido, desconstruir esse rótulo passa por um aparato simbólico que pretende afirmar a Dignidade da pessoa com deficiência, tornando-a capaz (relativamente, a depender do caso), mesmo que faça uso de mecanismos assistenciais como a tomada de decisão apoiada e a curatela.

Portanto, o que se percebe é que a mens legis Convenção de Nova York, fora conceder autonomia e dignidade para a Pessoa com deficiência. No entanto tais mudanças devem passar pelo equilíbrio, de um lado o sistema de incapacidade era pautado em uma proteção exacerbada do incapaz e de outro tem-se a liberdade desenfreada, que pode incorrer em prejuízos ao ele, isso porque a interpretação equivocada e isolada da norma pode causar um efeito reverso do objetivado no Estatuto, acarretando a desproteção das pessoas com doença mental grave, que não consegue exprimir sua vontade.

Para sanar essas incongruências foi proposto o projeto de lei nº 757/2015. A ideia é que a deficiência não vincule em presunção de incapacidade, mas que seja garantido o apoio necessário para os atos da vida civil. Uma das propostas por exemplo é incluir no rol de absolutamente incapazes "os que, por qualquer motivo, não tiverem o necessário discernimento para a prática desses atos", seja esse motivo a deficiência ou não. O que implica numa igualdade, já que não se trata de rotular a deficiência como incapacidade, mas assegurar proteção das pessoas que por qualquer motivo não consigam ter discernimento para os atos da vida civil.

Independente da aprovação do projeto de lei nº 757/2015, os entraves deverão ser solucionados através de uma intensa adaptação Hermenêutica, que deverá ser pautado no princípio da vedação ao retrocesso. Nesse sentido, a jurisprudência e a Jornada de Direito Civil também têm um papel importante

Ademais, é importante lembrar o que dispõe a Convenção Internacional sobre os Direitos das Pessoas com Deficiência, ao tratar das obrigações gerais dos Estados Partes, no Artigo 4º, item 4: "*Nenhum dispositivo da presente Convenção afetará quaisquer disposições mais propícias à realização dos direitos das pessoas com deficiência, as quais possam estar contidas na legislação do Estado Parte ou no direito internacional em vigor para esse Estado. Não haverá nenhuma restrição ou derrogação de qualquer dos direitos humanos e liberdades fundamentais reconhecidos ou vigentes em qualquer Estado Parte da presente Convenção, em conformidade com leis, convenções, regulamentos ou costumes, sob a alegação de que a presente Convenção não reconhece tais direitos e liberdades ou que os reconhece em menor grau*".

Nesse sentido, solução é que, diante de uma situação

evidentemente prejudicial à pessoa com deficiência, o operador do Direito, decida com base na *mens legis* da Convenção Internacional sobre os Direitos das Pessoas com Deficiência, bem como se paute no equilíbrio entre a dignidade-liberdade e a dignidade- vulnerabilidade e na observância ao princípio da norma mais favorável.

QUESTÕES

QUESTÕES ESTILO CERTO OU ERRADO

QUESTÃO 01

Ano: 2020 Banca: CESPE / CEBRASPE Órgão: MPE-CE Prova: CESPE - 2020 - MPE-CE - Técnico Ministerial

Acerca de obrigação alimentar e de tomada de decisão apoiada, julgue o item subsequente.

A tomada de decisão apoiada é o processo pelo qual a pessoa com deficiência elege pelo menos duas pessoas idôneas para prestar-lhe apoio na tomada de decisão sobre atos da vida civil.

- ○ **Certo**
- ○ **Errado**

QUESTÃO 02

Ano: 2019 Banca: CESPE / CEBRASPE Órgão: TJ-AM Prova: CESPE - 2019 - TJ-AM - Analista Judiciário - Serviço Social

Jeferson, assistente social, trabalha em uma escola particular de educação infantil e ensino fundamental, contribuindo para a estruturação do projeto pedagógico, para a criação de condições ao exercício da cidadania, bem como para o protagonismo e a inclusão de crianças e adolescentes, em especial as com deficiência, como Paula, uma aluna com onze anos de idade, que tem perda total e irreversível da visão e apresenta demandas familiares, socioeducacionais, de fortalecimento das redes de sociabilidade e de acesso aos serviços socioassistenciais.

Tendo como referência essa situação hipotética, julgue o item subsequentes, considerando o que determina a Lei Brasileira de Inclusão da Pessoa com Deficiência (Estatuto da Pessoa com Deficiência).

Mesmo após completar a maioridade, a deficiência de Paula a impedirá de exercer o direito a guarda, tutela, curatela e adoção (como adotante).

- ○ **Certo**
- ○ **Errado**

QUESTÃO 03

Ano: 2019 Banca: CESPE / CEBRASPE Órgão: TJ-AM Prova: CESPE - 2019 - TJ-AM - Assistente Judiciário – Programador

Com base na Lei n.º 13.146/2015 (Lei Brasileira de Inclusão da Pessoa com Deficiência) e em suas alterações, julgue o item a seguir.

É vedado ao juiz nomear, de ofício, curador a pessoa com deficiência em situação de curatela.

- ○ **Certo**
- ○ **Errado**

QUESTÃO 04

Ano: 2019 Banca: CESPE / CEBRASPE Órgão: TJ-AM Prova: CESPE - 2019 - TJ-AM - Analista Judiciário - Direito

No que concerne à Lei de Introdução às Normas do Direito

Brasileiro, à pessoa natural, aos direitos da personalidade e à desconsideração de pessoa jurídica, julgue o item a seguir.

Embora o direito à honra seja personalíssimo, o direito de exigir sua reparação econômica, no caso de dano moral, se transmite aos sucessores do ofendido, caso este tenha falecido.

o **Certo**
o **Errado**
o

QUESTÃO 05

Ano: 2019 Banca: MPE-SC Órgão: MPE-SC Prova: MPE-SC - 2019 - MPE-SC - Promotor de Justiça – Matutina

Consoante o Código Civil, a emancipação voluntária faz cessar a responsabilidade dos pais para com atos ilícitos de filho menor.

o **Certo**
o **Errado**

QUESTÃO 06

Ano: 2018 Banca: CESPE / CEBRASPE Órgão: Instituto Rio Branco Prova: CESPE - 2018 - Instituto Rio Branco - Diplomata - Prova 1

Com relação à classificação da Constituição, à competência dos entes federativos, ao ato jurídico e à personalidade jurídica, julgue (C ou E) o item que se segue.

Considera-se personalidade jurídica a capacidade *in abstracto* de ser sujeito de direitos ou obrigações, ou seja, de exercer determinadas atividades e de cumprir determinados deveres decorrentes da convivência em sociedade.

o **Certo**

    o   **Errado**

QUESTÃO 07

Ano: 2018 Banca: CESPE / CEBRASPE Órgão: EMAP Prova: CESPE - 2018 - EMAP - Analista Portuário - Área Jurídica

Acerca das obrigações, dos direitos de personalidade e do negócio jurídico, julgue o item subsequente.

A doutrina classifica os direitos da personalidade em três grupos não exaustivos: o de direitos à integridade física, o de direitos à integridade intelectual e o de direitos à integridade moral.

    o   **Certo**
    o   **Errado**

QUESTÃO 08

Ano: 2018 Banca: CESPE / CEBRASPE Órgão: ABIN Prova: CESPE - 2018 - ABIN - Oficial Técnico de Inteligência - Área 2

Julgue o item a seguir, acerca de pessoa jurídica e desconsideração de sua personalidade, direitos da personalidade e prova do fato jurídico, de acordo com o disposto no Código Civil.

A proteção do pseudônimo, nome por meio do qual autor de obra artística, literária ou científica se oculta, é expressamente assegurada se sua utilização for para atividades lícitas.

    o   **Certo**
    o   **Errado**

QUESTÃO 09

Ano: 2016 Banca: CESPE / CEBRASPE Órgão: Instituto Rio

Branco Prova: CESPE - 2016 - Instituto Rio Branco - Diplomata - Prova 2

Acerca da personalidade jurídica, da hierarquia das normas e dos princípios, direitos e garantias fundamentais constantes da Constituição Federal de 1988, julgue (**C** ou **E**) o item que se segue.

Ao adquirir personalidade jurídica, a pessoa jurídica torna-se suscetível de direitos e obrigações e passa a ter existência própria, independentemente da pessoa de seus sócios, instrutores e administradores.

- o **Certo**
- o **Errado**

QUESTÃO 10

Ano: 2016 Banca: CESPE / CEBRASPE Órgão: TCE-PA Prova: CESPE - 2016 - TCE-PA - Auxiliar Técnico de Controle Externo - Área Administrativa

Julgue o item subsequente com base nas disposições do Código Civil acerca de bens, fatos jurídicos e prescrição.

Denomina-se representação a relação jurídica em que uma pessoa se obriga perante terceiro por meio de ato praticado em seu nome por representante, cujos poderes são conferidos por lei ou por mandato.

- o **Certo**
- o **Errado**

QUESTÃO 11

Ano: 2016 Banca: CESPE / CEBRASPE Órgão: TCE-SC Prova: CESPE - 2016 - TCE-SC - Auditor Fiscal de Controle Externo - Direito

Com relação à vigência das leis, às pessoas naturais, às pessoas jurídicas e aos bens, julgue o item subsequente.

A pessoa maior de dezoito anos que, em decorrência de lesão causada em acidente, entre em estado de coma e, por isso, fique transitoriamente impedida de exprimir sua vontade será considerada absolutamente incapaz de exercer os atos da vida civil.

- ○ **Certo**
- ○ **Errado**

QUESTÃO 12

Ano: 2016 Banca: MPE-SC Órgão: MPE-SC Prova: MPE-SC - 2016 - MPE-SC - Promotor de Justiça – Matutina

A tomada de decisão apoiada é o processo pelo qual o juiz, assistido por equipe multidisciplinar, após oitiva do Ministério Público, elege pelo menos duas pessoas idôneas, com as quais a pessoa com deficiência mantenha vínculos e que gozem de sua confiança, para prestar-lhe apoio na tomada de decisão sobre atos da vida civil, fornecendo-lhes os elementos e informações necessários para que possa exercer sua capacidade.

- ○ **Certo**
- ○ **Errado**

QUESTÃO 13

Ano: 2016 Banca: CESPE / CEBRASPE Órgão: FUNPRESP-JUD Prova: CESPE - 2016 - FUNPRESP-JUD - Analista - Direito

A respeito da Lei de Introdução às Normas do Direito Brasileiro, das pessoas, dos negócios jurídicos, da prescrição e da prova do fato jurídico, julgue o item seguinte.

Pessoa que se encontre com paralisia cerebral é considerada absolutamente incapaz porque não pode exprimir sua vontade.

- o **Certo**
- o **Errado**

QUESTÃO 14

Ano: 2016 Banca: CESPE / CEBRASPE Órgão: TCE-PA Prova: CESPE - 2016 - TCE-PA - Auditor de Controle Externo - Área Fiscalização - Direito

A respeito da aplicação da lei civil, da pessoa natural e dos bens, julgue o item a seguir.

Será considerada absolutamente incapaz a pessoa que, por causa permanente, não puder exprimir sua vontade, caso em que necessitará de representante legal para exercer os atos da vida civil.

- o **Certo**
- o **Errado**

QUESTÃO 15

Ano: 2016 Banca: CESPE / CEBRASPE Órgão: TCE-PA Prova: CESPE - 2016 - TCE-PA - Auxiliar Técnico de Controle Externo - Área Administrativa

Com base no disposto no Código Civil acerca de personalidade e capacidade jurídica, julgue o item a seguir.

As crianças e os adolescentes com menos de dezesseis anos de idade são absolutamente incapazes de exercer pessoalmente os atos da vida civil.

○ **Certo**
○ **Errado**

QUESTÃO 16

Ano: 2015 Banca: CESPE / CEBRASPE Órgão: TCE-RN Prova: CESPE - 2015 - TCE-RN - Auditor

Acerca das pessoas naturais e jurídicas, julgue o item que se segue.

Devido ao fato de serem absolutamente incapazes, os menores de dezesseis anos de idade não são considerados sujeitos de direitos e de obrigações.

○ **Certo**
○ **Errado**

QUESTÃO 17

Ano: 2015 Banca: CESPE / CEBRASPE Órgão: AGU Prova: CESPE - 2015 - AGU - Advogado da União

Julgue o item seguinte, que diz respeito à aplicação da lei, às pessoas   e   aos   bens.

Entre os direitos ressalvados pela lei ao nascituro estão os direitos da personalidade, os quais estão entre aqueles que têm por objeto os atributos físicos, psíquicos e morais da pessoa.

○ **Certo**
○ **Errado**

QUESTÃO 18

Ano: 2015 Banca: CESPE / CEBRASPE Órgão: Instituto Rio Branco Prova: CESPE - 2015 - Instituto Rio Branco - Diplomata - Prova 2

Acerca das competências dos entes federativos, da personalidade jurídica e da responsabilidade civil do Estado no direito brasileiro, julgue (**C** ou **E**) o item que se segue.

Personalidade é a aptidão para possuir direitos e deveres, que a ordem jurídica reconhece para todas as pessoas.

- o **Certo**
- o **Errado**

QUESTÃO 19

Ano: 2015 Banca: CESPE / CEBRASPE Órgão: TJ-DFT Prova: CESPE - 2015 - TJ-DFT - Técnico Judiciário - Administrativa

Com base nas disposições do Código Civil, julgue o item seguinte.
Sendo o ser humano sujeito de direitos e deveres, a capacidade é a medida da personalidade.

- o **Certo**
- o **Errado**

QUESTÃO 20

Ano: 2015 Banca: CESPE / CEBRASPE Órgão: TCU Provas: CESPE - 2015 - TCU - Auditor Federal de Controle Externo - Conhecimentos Gerais

Acerca da prescrição, da decadência, das obrigações e da responsabilidade civil, julgue o item que se segue.

As pessoas responsáveis pelo incapaz respondem pelos prejuízos por ele causados, salvo quando não tiverem obrigação de fazê-lo ou não dispuserem de meios suficientes para tal, situação em que o incapaz deverá responder pelos prejuízos causados

o   **Certo**

o   **Errado**

QUESTÃO 21 ——————————————————

Ano: 2015 Banca: CESPE / CEBRASPE Órgão: TRE-GO Prova: CESPE - 2015 - TRE-GO - Analista Judiciário - Área Judiciária - Conhecimentos Específicos

Julgue o próximo item, referentes à interpretação da lei, aos direitos da personalidade, à validade dos negócios jurídicos e à prova.

Considere a seguinte situação hipotética. Carlos, maior e capaz, celebrou com Rafael, menor de dezessete anos de idade, contrato pelo qual se comprometeu a realizar reparos na casa onde Rafael reside. Nessa situação, Carlos poderá pleitear a anulação do contrato com base na incapacidade de Rafael.

o   **Certo**
o   **Errado**

QUESTÃO 22 ——————————————————

Ano: 2014 Banca: CESPE / CEBRASPE Órgão: Câmara dos Deputados Prova: CESPE - 2014 - Câmara dos Deputados - Analista Legislativo - Consultor Legislativo Área III

Acerca da personalidade jurídica, da capacidade civil e dos direitos da personalidade, julgue o item a seguir.

Segundo o entendimento majoritário da doutrina civilista, a pessoa natural adquire personalidade jurídica a partir do nascimento com vida, aferido por meio do funcionamento do aparelho cardiorrespiratório.

- ○ **Certo**
- ○ **Errado**

QUESTÃO 23

Ano: 2013 Banca: CESPE / CEBRASPE Órgão: AGU Prova: CESPE - 2013 - AGU - Procurador Federal

Acerca da Lei de Introdução às Normas do Direito Brasileiro e das pessoas naturais e jurídicas, julgue os itens seguintes.

Embora os direitos da personalidade não possuam um prazo para o seu exercício em razão de serem imprescritíveis, a pretensão de reparação por dano moral sofrido sujeita-se a prazo prescricional.

- ○ **Certo**
- ○ **Errado**

QUESTÃO 24

Ano: 2013 Banca: CESPE / CEBRASPE Órgão: STF Prova: CESPE - 2013 - STF - Analista Judiciário - Área Judiciária

É característica dos direitos da personalidade a sua *oponibilidade erga omnes*.

- ○ **Certo**
- ○ **Errado**

QUESTÃO 25

Ano: 2013 Banca: CESPE / CEBRASPE Órgão: DPE-DF Prova: CESPE - 2013 - DPE-DF - Defensor Público

No que se refere às pessoas naturais, julgue os itens que se seguem.

O ordenamento jurídico pátrio garante que toda pessoa é capaz de direitos e deveres na ordem civil, de maneira que tal proteção depende necessariamente do nascimento com vida, momento em que adquire a personalidade civil

- o **Certo**
- o **Errado**

QUESTÃO 26

Ano: 2013 Banca: CESPE / CEBRASPE Órgão: ANP Prova: CESPE - 2013 - ANP - Especialista em Regulação - Área I

Se uma pessoa firma contrato com outra, sabendo que ela tem dezessete anos de idade, não poderá invocar depois a incapacidade relativa para justificar o descumprimento da obrigação.

- • **Certo**
- • **Errado**

QUESTÃO 27

Ano: 2013 Banca: CESPE / CEBRASPE Órgão: TJ-DFT Prova: CESPE - 2013 - TJ-DFT - Analista Judiciário - Oficial de Justiça Avaliador

A capacidade de fato não se apura exclusivamente com base no critério etário.

- o **Certo**
- o **Errado**

QUESTÃO 28

Ano: 2013 Banca: CESPE / CEBRASPE Órgão: ANTT Prova: CESPE

- 2013 - ANTT - Analista Administrativo - Direito

De acordo com o Código Civil, que adotou a teoria natalista, o nascituro não é sujeito de direitos, sendo vedado, portanto, a ele realizar doação.

   o   **Certo**
   o   **Errado**

QUESTÃO 29

Ano: 2012 Banca: CESPE / CEBRASPE Órgão: TJ-RR Prova: CESPE - 2012 - TJ-RR - Técnico Judiciário

A respeito da pessoa natural, julgue os itens a seguir.

Nos atos da vida civil, as pessoas absolutamente incapazes serão representadas.

   o   **Certo**
   o   **Errado**

QUESTÃO 30

Ano: 2011 Banca: CESPE / CEBRASPE Órgão: TJ-ES Prova: CESPE - 2011 - TJ-ES - Comissário da Infância e da Juventude - Específicos

Com referência a tutela, curatela, ausência, casamento, relações de parentesco e sucessão, julgue os próximos itens.

Apesar de não reconhecer a personalidade do nascituro, o Código Civil põe a salvo os seus direitos desde a concepção. Nesse sentido, na hipótese de interdição de mulher grávida, o curador desta será também o curador do nascituro.

o   **Certo**

o   **Errado**

QUESTÃO 31

Ano: 2010 Banca: CESPE / CEBRASPE Órgão: SERPRO Prova: CESPE - 2010 - SERPRO - Analista - Advocacia

A personalidade civil da pessoa natural começa do nascimento com vida, o que se constata com a respiração. Entretanto, a lei também resguarda os direitos do nascituro, que, desde a concepção, já possui todos os requisitos da personalidade civil.

o   **Certo**

o   **Errado**

QUESTÃO 32

Ano: 2008 Banca: CESPE / CEBRASPE Órgão: MC Prova: CESPE - 2008 - MC - Técnico de Nível Superior - Direito

Os direitos da personalidade são inatos a toda e qualquer pessoa, sendo certo que, com exceção dos casos previstos em lei, são intransmissíveis e irrenunciáveis, não podendo o seu exercício sofrer limitação voluntária.

o   **Certo**

o   **Errado**

QUESTÃO 33

Ano: 2008 Banca: CESPE / CEBRASPE Órgão: MC Prova: CESPE - 2008 - MC - Técnico de Nível Superior – Direito

Toda pessoa tem capacidade de fato, podendo, assim, ser

sujeito de direitos e obrigações na ordem civil; porém, só poderá exercer pessoalmente os atos da vida civil quando atingir a capacidade civil plena.

- o **Certo**
- o **Errado**

QUESTÃO 34

Ano: 2008 Banca: CESPE / CEBRASPE Órgão: MPE-RR Prova: CESPE - 2008 - MPE-RR - Oficial de Promotoria

A capacidade relativa da pessoa natural começa aos dezesseis anos, quando pode praticar os atos da vida civil, assistida por seu representante legal.

- o **Certo**
- o **Errado**

QUESTÃO 35

Ano: 2006 Banca: CESPE / CEBRASPE Órgão: DPE-DF Prova: CESPE - 2006 - DPE-DF - Procurador - Assistência Judiciária - Segunda Categoria

Julgue os itens a seguir, relativos à tutela e a ausência.

A tutela possui caráter assistencial e tem por objetivo substituir o poder familiar. Destina-se a proteger crianças e adolescentes que não dispõem de plena capacidade e estão afastados do poder familiar dos genitores. Os filhos menores são postos em tutela se seus pais falecerem, forem declarados ausentes ou decaírem do poder familiar. O tutor designado passa a exercer os mesmos direitos e obrigações inerentes ao poder familiar, cabendo-lhe assistir e representar o menor, além de zelar por sua educação e administrar-lhe os bens.

○ **Certo**
○ **Errado**

QUESTÕES DE MÚLTIPLA ESCOLHA

QUESTÃO 36 _____

Ano: 2020 Banca: MPT Órgão: MPT Prova: MPT - 2020 - MPT - Procurador do Trabalho

Analise as seguintes proposições, à luz do Estatuto da Pessoa com Deficiência (Lei n° 13.146/2015), e assinale a alternativa INCORRETA:

A. A legislação considera como barreira qualquer entrave, obstáculo, atitude ou comportamento que limite ou impeça a participação social da pessoa, bem como o gozo, a fruição e o exercício de seus direitos à acessibilidade, à liberdade de movimento e de expressão, à comunicação, ao acesso à informação, à compreensão, à circulação com segurança, entre outros.

B. Considera-se pessoa com deficiência aquela que tem impedimento de curto, médio ou longo prazo de natureza física, mental, intelectual ou sensorial, o qual, em interação com uma ou mais barreiras, pode obstruir sua participação plena e efetiva na sociedade em igualdade de condições com as demais pessoas.

C. A contratação de pessoa com deficiência para cumprir a cota legal sem o fornecimento de efetivo trabalho na empresa, mediante o cumprimento tão-somente da obrigação de pagamento de seus salários, pode ser considerada como uma espécie de barreira.

D. O direito ao recebimento de atendimento prioritário, garantido às pessoas com deficiência com a finalidade de proteção e socorro em quaisquer circunstâncias e de atendimento em todas as instituições e serviços de atendimento ao público, é extensivo ao seu acompanhante ou atendente pessoal.

QUESTÃO 37

Ano: 2020 Banca: CEBRASPE Órgão: MPE-CE Prova: CEBRASPE-Promotor de Justiça

De acordo com o disposto na Lei n.º 13.146/2015, a curatela é medida protetiva extraordinária que alcança direitos relativos

A. à educação.

B. à privacidade.

C. aos bens patrimoniais.

D. ao voto.

E. ao trabalho.

QUESTÃO 38

Ano: 2020 Banca: FGV Órgão: OAB Prova: FGV - 2020 - OAB - Exame de Ordem Unificado XXXI - Primeira Fase

Márcia, adolescente com 17 anos de idade, sempre demonstrou uma maturidade muito superior à sua faixa etária. Seu maior objetivo profissional é o de tornar-se professora de História e, por isso, decidiu criar um canal em uma plataforma *on-line*, na qual publica vídeos com aulas por ela própria elaboradas sobre conteúdos históricos.

O canal tornou-se um sucesso, atraindo multidões de jovens seguidores e despertando o interesse de vários patrocinadores, que começaram a procurar a jovem, propondo contratos de publicidade. Embora ainda não tenha obtido nenhum lucro com o canal, Márcia está animada com a perspectiva de conseguir custear seus estudos na Faculdade de História se conseguir firmar alguns desses contratos. Para facilitar as atividades da jovem, seus pais decidiram emancipá-la, o que permitirá que celebre negócios com futuros patrocinadores com mais agilidade.

Sobre o ato de emancipação de Márcia por seus pais, assinale a afirmativa correta.

A.   Depende de homologação judicial, tendo em vista o alto grau de exposição que a adolescente tem na internet.

B.   Não tem requisitos formais específicos, podendo ser concedida por instrumento particular.

C.   Deve, necessariamente, ser levado a registro no cartório competente do Registro Civil de Pessoas Naturais.

D.   É nulo, pois ela apenas poderia ser emancipada caso já contasse com economia própria, o que ainda não acontece

QUESTÃO 39 _____

Ano: 2020 **Banca:** Fundação   CEFETMINAS **Órgão:** Prefeitura Municipal de Ponte Nova- MG **Prova:** Nível Superior, Advogado/questão 57

Analise as asserções a seguir e a relação proposta entre elas.

I - A utilização dos direitos de personalidade é intransmissível, ainda que contenha expressão econômica

PORQUE

II - não podem, em seu exercício, sofrer limitação voluntária em qualquer hipótese.

Sobre as asserções, é correto afirmar que

A. as duas são falsas.

B. a primeira é falsa e a segunda é verdadeira.

C. a primeira é verdadeira e a segunda é falsa.

D. as duas são verdadeiras e a segunda é uma justificativa correta da primeira

---

QUESTÃO 40 _____

Ano: 2020 Banca: CESPE / CEBRASPE Órgão: TJ-PA Prova: CESPE - 2020 - TJ-PA - Auxiliar Judiciário

Segundo regra geral do Código Civil, a menoridade cessa a partir do momento em que o sujeito completa dezoito anos de idade, podendo a incapacidade cessar antes disso. A incapacidade do(a) menor com dezesseis anos de idade completos cessará se houver

A. autorização dos pais mediante instrumento público, desde que homologado pelo Poder Judiciário.

B. nomeação do(a) menor para o exercício de emprego público efetivo.

C. estabelecimento civil ou comercial em função do qual ele(a) tenha economia própria.

D. casamento, desde que seja resultante de gravidez.

E. comprovação de conclusão do ensino médio.

QUESTÃO 41

Ano: 2020 Banca: VUNESP Órgão: FITO Prova: VUNESP - 2020 - FITO – Advogado

Nos termos da atual jurisprudência do Superior Tribunal de Justiça, os incapazes, quando praticarem atos que causem prejuízos, terão responsabilidade

A. subsidiária, condicional, mitigada e equitativa.

B. subsidiária, incondicional, mitigada e imparcial.

C. solidária, condicional, agravada e imparcial.

D. solidária, condicional, mitigada e equitativa.

E. solidária, incondicional, agravada e equitativa.

QUESTÃO 42

Ano: 2020 Banca: CESPE / CEBRASPE Órgão: MPE-CE Prova: CESPE - 2020 - MPE-CE - Promotor de Justiça de Entrância Inicial

João foi gravemente agredido por Pedro, de quinze anos de idade. Em razão do ocorrido, João pretende ajuizar ação de indenização por danos materiais e morais contra Pedro e os pais deste, Carlos e Maria. No momento da agressão, Carlos e Maria estavam divorciados e a guarda de Pedro era exclusiva de Maria.

Acerca dessa situação hipotética, assinale a opção correta, de acordo com o entendimento do STJ.

A. A ação deve ser ajuizada exclusivamente em desfavor dos pais de Pedro, porque, conforme a legislação, ele, por ser menor, não possui responsabilidade civil por seus atos.

B. A responsabilidade civil de Pedro pela reparação dos danos é subsidiária, em relação a seus pais/responsáveis, e mitigada.

C. Há litisconsórcio necessário entre Pedro e seus pais, em razão da responsabilidade solidária entre o incapaz e seus genitores.

D. A ação poderá ser ajuizada contra os pais de Pedro somente se for demonstrado que ele não possui patrimônio para reparar o dano.

E. A condição de guardião do filho menor é requisito essencial para a responsabilização por ato praticado por incapaz, motivo pelo qual Carlos não possui legitimidade para figurar na ação de responsabilidade civil.

QUESTÃO 43

Ano: 2019 Banca: CESPE / CEBRASPE Órgão: CGE - CE Prova: CESPE - 2019 - CGE - CE - Auditor de Controle Interno - Área de Correição

Constitui característica ou atributo do direito da personalidade

A. o mínimo existencial.

B. a proporcionalidade.

C.   a livre expressão.

D.   a alteridade.

E.   o caráter extrapatrimonial.

QUESTÃO 44

Ano: 2019 Banca: CESPE / CEBRASPE Órgão: MPE/PI Prova: CESPE - 2019 - MPE - PI – Promotor de Justiça Substituto

A respeito da defesa das pessoas idosas e das pessoas com deficiência, assinale a opção correta.

A.   Embora o Ministério Público tenha legitimidade para ajuizar ação civil pública para a defesa de direitos coletivos dos idosos, o órgão não a detém para tutelar, em juízo, direito individual de idoso em situação de risco.

B.   Em caso de abandono de ação coletiva ajuizada por associação em defesa dos direitos dos idosos, compete privativamente ao Ministério Público assumir a titularidade ativa da ação.

C.   A curatela de pessoa com deficiência constitui medida extraordinária e afetará tão somente os atos relacionados aos direitos de natureza patrimonial e negocial.

D.   A condição de acolhimento em instituições de longa permanência prejudica o direito do idoso ou da pessoa com deficiência ao recebimento de benefício de prestação continuada.

E.   A deficiência não afeta a plena capacidade civil da pessoa, exceto para o exercício do direito de guarda e de adoção.

QUESTÃO 45

Ano: 2019 Banca: Instituto Consulplan   Órgão: Prefeitura de Suzano - SP Prova: Consulplan-2019- Procurador Jurídico

Analise as afirmativas a seguir.

I. Com exceção dos casos previstos em lei, os direitos da personalidade são intransmissíveis e irrenunciáveis, não podendo o seu exercício sofrer limitação voluntária.

II. Salvo por exigência médica, é defeso o ato de disposição do próprio corpo, quando importar diminuição permanente da integridade física, ou contrariar os bons costumes.

III. Ninguém pode ser constrangido a submeter-se, com risco de vida, a tratamento médico ou a intervenção cirúrgica.

IV. O pseudônimo viola texto constitucional, por se constituir em anonimato reflexo.

Estão corretas apenas as afirmativas

A.   I, II e III

B.   I, II e IV.

C.   I, III e IV.

D.   II, III e IV.

QUESTÃO 46

Ano: 2019 Banca: FGV Órgão: TJ-CE Prova: FGV - 2019 - TJ-CE - Técnico Judiciário - Área Judiciária

O Estatuto da Pessoa com Deficiência (Lei nº 13.146/15), ao tratar da questão da igualdade e da não discriminação, estabelece que:

A. a deficiência afeta a plena capacidade civil da pessoa, inclusive para exercer direitos sexuais e reprodutivos;

B. a pessoa com deficiência não está obrigada à fruição de benefícios decorrentes de ação afirmativa;

C. a pessoa com deficiência não pode exercer diretamente o direito à guarda, à tutela, à curatela e à adoção;

D. os profissionais da área de saúde devem promover a esterilização compulsória da pessoa com deficiência;

E. a deficiência não compromete a plena capacidade civil da pessoa, exceto para casar-se e constituir união estável.

QUESTÃO 47

Ano: 2019 Banca: (NC/FUNPAR/UFPR) Órgão: Prefeitura de Curitiba - PR Prova: Procurador

Acerca dos Direitos da Personalidade, assinale a alternativa correta.

Considerando que a personalidade civil começa com o nascimento com vida, não há que se falar em proteção dos direitos da personalidade do natimorto.

A. Considerando que a personalidade civil começa com o nascimento com vida, não há que se falar em proteção dos direitos da personalidade do natimorto.

B. É permitida a mudança do prenome de pessoa transgênero no registro civil, desde que mediante prévia autorização judicial.

C. A liberdade de expressão goza de posição preferencial em relação aos direitos da personalidade no ordenamento jurídico brasileiro.

D. O exercício dos direitos da personalidade pode sofrer limitação voluntária, ainda que permanente.

E. É inexigível o consentimento de pessoa biografada relativamente a obras biográficas literárias ou audiovisuais, sendo por igual desnecessária autorização de pessoas retratadas como coadjuvantes.

QUESTÃO 48

Ano: 2019 Banca: VUNESP Órgão: Prefeitura de Itapevi - SP Prova: Analista Jurídico

Assinale a alternativa que corresponde, em regra, às características do direito da personalidade.

A. Absoluto, imprescritível, inato e vitalício.

B. Intransmissível, renunciável, absoluto e inalienável.

C. Extrapatrimonial, o exercício pode sofrer limitação voluntária, absoluto e alienável.

D. Vitalício, transmissível, absoluto e inalienável.

E. Inato, absoluto, vitalício e prescritível.

QUESTÃO 49

Ano: 2019 Banca: Instituto Brasileiro de Formação e Capacitação (IBFC) Órgão: Secretaria Municipal de Assistência Social e Desenvolvimento Humano de Cuiabá MT Prova: Apoio Jurídico

Toda pessoa é capaz de direitos e deveres na ordem civil. Sobre os direitos da personalidade, analise as afirmativas abaixo e assinale a alternativa incorreta.

A. os direitos da personalidade são intransmissíveis e irrenunciáveis, não podendo o seu exercício sofrer limitação voluntária

B. ninguém pode ser constrangido a submeter-se, com risco de vida, a tratamento médico ou a intervenção cirúrgica

C. é válida, com objetivo científico, ou altruístico, a disposição gratuita do próprio corpo, no todo ou em parte, para depois da morte

D. para cessar a ameaça, ou a lesão, a direito da personalidade, deve-se buscar o Código Penal, já que não há previsão no Código Civil a respeito

QUESTÃO 50

Ano: 2019 Banca: Centro de Extensão, Treinamento e Aperfeiçoamento Profissional Ltda (CETAP)Órgão: Prefeitura de Ananindeua - PA Prova: Agente Municipal de Trânsito e Transporte

No que tange à matéria atinente à personalidade e à capacidade, julgue os itens seguintes em Verdadeiro (V) ou Falso (F) e marque a alternativa com a sequência correta:

I- A menoridade cessa aos dezoito anos completos, quando a pessoa fica habilitada à prática de todos os atos da vida civil.

II- São relativamente incapazes de exercer pessoalmente os atos da vida civil os menores de 16 (dezesseis) anos.

A. I-V; II-F.

B. I-F; II-V.

C. I-V; II-V.

D. I-F; II-F.

QUESTÃO 51

Ano: 2019 Banca: Instituto Consulplan Órgão: CODESG/SPPrefeitura de Ananindeua - PA Prova: Advogado

São considerados absolutamente incapazes:

A. Os pródigos.

B. Os ébrios habituais e os viciados em tóxico.

C. Os de exercer pessoalmente os atos da vida civil, os menores de dezesseis anos.

D. Aqueles que, por causa transitória ou permanente, não puderem exprimir sua vontade; cláusula geral de admissibilidade excepcional de interdição de deficientes.

QUESTÃO 52

Ano: 2019 Banca: CESPE / CEBRASPE Órgão: MPE-PI Prova: CESPE - 2019 - MPE-PI - Promotor de Justiça Substituto

O Código Civil dispõe que "toda pessoa é capaz de direitos e deveres na ordem civil" e que "a personalidade civil da pessoa começa com o nascimento com vida". Considerando-se os conceitos de capacidade e personalidade, é correto afirmar que

A. a pessoa passa, a partir do nascimento com vida, a ser sujeito de direitos e de deveres, e a ocorrência desse requisito determina consequências de alta relevância, incluindo aspectos sucessórios.

B. não é certo considerar a pessoa relativamente incapaz no momento da limitação quando a causa de impossibilidade de expressão da vontade for transitória.

C. a forma prevista na legislação civil de declarar o fim da existência da pessoa natural é somente pela morte, que será sempre natural ou física.

D. o prenome e o sobrenome servem para individualizar as pessoas naturais e, por isso, à luz do princípio da sua imutabilidade, somente podem ser alterados se expuserem a pessoa ao ridículo.

E. a atual legislação civil aproxima as características dos direitos de personalidade e dos direitos patrimoniais ao afirmar que ambos têm conteúdo econômico imediato e podem ser destacados do seu titular.

QUESTÃO 53 _____

Ano: 2019 Banca: Fundação Carlos Chagas (FCC) Órgão: Tribunal de Justiça de Alagoas - AL Prova: Juiz Substituto

Alessandra, atualmente com 17 anos de idade, nasceu com deficiência mental que a impede, de forma permanente, de exprimir sua vontade. Para o Código Civil, ela

A. é absolutamente incapaz de exercer pessoalmente os atos da vida civil, e permanecerá nessa condição mesmo depois de completar 18 anos.

B. não é incapaz, absoluta ou relativamente, de exercer pessoalmente os atos da vida civil.

C. é incapaz, relativamente a certos atos ou à maneira de os exercer, e permanecerá nessa condição mesmo depois de completar 18 anos.

D. é absolutamente incapaz de exercer pessoalmente os atos da vida civil, mas deixará de sê-lo ao completar 18 anos.

E. é incapaz, relativamente a certos atos ou à maneira de os exercer, mas deixará de sê-lo ao completar 18 anos.

QUESTÃO 54

Ano: 2019 Banca: CESPE / CEBRASPE Órgão: TJ-PR Prova: CESPE - 2019 - TJ-PR - Juiz Substituto

Após o falecimento dos pais, uma criança de dez anos de idade foi colocada sob tutela de sua avó, de sessenta e cinco anos de idade, já que constitui parente de grau mais próximo.

Em relação à tutela dessa criança, considerando-se as disposições legais, é correto afirmar que a avó

A. poderá se escusar da tutela, sob a alegação de ser aposentada.

B. poderá se escusar da tutela, sob o fundamento de ser maior de sessenta anos.

C. não poderá se escusar da tutela, já que é o parente de grau mais próximo da criança.

D. não poderá se escusar da tutela, uma vez que tal ato é vedado pela legislação vigente.

QUESTÃO 55

Ano: 2019 Banca: MPE-GO Órgão: MPE-GO Prova: MPE-GO - 2019 - MPE-GO - Promotor de Justiça – Reaplicação

De acordo com a Lei Federal n. 13.146/2015 (Estatuto da Pessoa com Deficiência), assinale a alternativa incorreta:

A. Em casos de relevância e urgência e a fim de proteger os interesses da pessoa com deficiência em situação de curatela, será lícito ao juiz, ouvido o Ministério Público, de ofício ou a requerimento do interessado, nomear, desde logo, curador provisório.

B. A pessoa com deficiência será protegida de toda forma de negligência, discriminação, explorarão, violência, tortura, crueldade, opressão e tratamento desumano ou degradante, considerando-se, para fins desta proteção, especialmente vulneráveis a criança, o adolescente, a mulher e o idoso, com deficiência.

C. Caso não haja pessoa com deficiência interessada nas unidades habitacionais reservadas nos programas habitacionais, públicos ou subsidiados com recursos públicos, as unidades não utilizadas serão disponibilizadas às demais pessoas.

D. Para fins de aplicação de referida lei, considera-se residência inclusiva a moradia com estruturas adequadas capazes de proporcionar serviços de apoio coletivo e individualizados que respeitem e ampliem o grau de autonomia de jovens e adultos com deficiência.

QUESTÃO 56

Ano: 2019 Banca: FUNDEP (Gestão de Concursos) Órgão: MPE-MG Prova: FUNDEP (Gestão de Concursos) - 2019 - MPE-MG - Promotor de Justiça Substituto

A Lei Brasileira de Inclusão da Pessoa com Deficiência busca assegurar e promover o exercício dos direitos e liberdades fundamentais, visando a inclusão social e a cidadania. A fim de dar efetividade aos institutos de proteção, foram previstas inovações legislativas relevantes. A esse respeito, marque a alternativa correta:

A. A curatela poderá dar-se de forma compartilhada e proporcional às necessidades e circunstâncias de cada caso, a critério do Juízo.

B. Na Tomada de Decisão Apoiada, a decisão terá validade e efeitos sobre terceiros, com restrições, desde que inserida nos limites do apoio acordado, que será homologado pelo juiz, após oitiva do Ministério Público.

C. A incapacidade civil absoluta se restringe exclusivamente à idade inferior a 16 anos. A incapacidade relativa se aplica aos maiores de 16 anos e menores de 18 anos, aos pródigos, aos ébrios habituais, aos viciados em tóxicos e àqueles que, apenas de forma permanente, não puderem exprimir sua vontade.

D. A definição de curatela não alcança o direito ao próprio corpo, à sexualidade, à privacidade, à educação, à saúde, ao trabalho e ao voto, mas alcança o direito ao matrimônio.

QUESTÃO 57 _____

Ano: 2019 Banca: IBFC Órgão: Prefeitura de Cuiabá - MT Provas: IBFC - 2019 - Prefeitura de Cuiabá - MT - Analista de Tecnologia da Informação - Analista de Sistemas

Sobre as disposições do Estatuto da Pessoa com Deficiência

e o reconhecimento igual perante a lei, analise as afirmativas abaixo.

I. Pessoa com deficiência tem assegurado o direito ao exercício de sua capacidade legal em igualdade de condições com as demais pessoas.

II. É facultado à pessoa com deficiência a adoção de processo de tomada de decisão apoiada.

III. A curatela afeta os atos relacionados aos direitos de natureza patrimonial, pessoal e negocial

Assinale a alternativa correta.

A.   Apenas as afirmativas II e III estão corretas

B.   Apenas as afirmativas I e II estão corretas

C.   As afirmativas I, II e III estão corretas

D.   Apenas a afirmativa I está correta

QUESTÃO 58

Ano: 2019 Banca: VUNESP Órgão: TJ-RO Prova: VUNESP - 2019 - TJ-RO - Juiz de Direito Substituto

Tendo em vista as disposições constantes do Estatuto da Pessoa com Deficiência, pode-se corretamente afirmar sobre a tomada de decisão apoiada:

A.   O requerimento de tomada de decisão apoiada deverá ser apresentado pelo Ministério Público e deve conter os limites do apoio a ser oferecido e os compromissos dos apoiadores.

B. A tomada de decisão apoiada é o processo obrigatório pelo qual a pessoa com deficiência elege pelo menos 2 (duas) pessoas idôneas, com as quais mantenha vínculos e que gozem de sua confiança, para prestar-lhe apoio na tomada de decisão sobre atos da vida civil.

C. Em caso de negócio jurídico que possa trazer risco ou prejuízo relevante, havendo divergência de opiniões entre a pessoa apoiada e os apoiadores, prevalecerá a opinião destes, tendo em vista o princípio da proteção ao incapaz.

D. Antes de se pronunciar sobre o pedido de tomada de decisão apoiada, o juiz, assistido por equipe multidisciplinar, após oitiva do Ministério Público, ouvirá pessoalmente o requerente e as pessoas que lhe prestarão apoio.

E. A pessoa apoiada pode, a qualquer tempo, solicitar o término de acordo firmado em processo de tomada de decisão apoiada, devendo o pedido ser apreciado pelo Ministério Público e homologado pelo juiz.

QUESTÃO 59

Ano: 2019 Banca: FGV Órgão: TJ-CE Prova: FGV - 2019 - TJ-CE - Técnico Judiciário - Área Técnico-Administrativa

O Estatuto da Pessoa com Deficiência (Lei nº 13.146/15) dispõe que a pessoa com deficiência tem assegurado o direito ao exercício de sua capacidade legal em igualdade de condições com as demais pessoas.

Nesse sentido, o citado diploma normativo estabelece que:

A. a curatela de pessoa com deficiência será a mais ampla possível, não se limitando a afetar tão somente os atos relacionados aos direitos de natureza patrimonial e negocial;

B. a definição de curatela de pessoa com deficiência constitui medida protetiva ordinária e durará o maior tempo possível;

C. a pessoa com deficiência não poderá ser submetida à curatela, em qualquer hipótese;

D. a situação de curatela da pessoa com deficiência será exigida para emissão de documentos oficiais;

E. à pessoa com deficiência é facultada a adoção de processo de tomada de decisão apoiada.

QUESTÃO 60

Ano: 2019 Banca: VUNESP Órgão: TJ-AC Prova: VUNESP - 2019 - TJ-AC - Juiz de Direito Substituto

Assinale a alternativa correta sobre o instituto da tomada de decisão apoiada, instituído pela Lei n° 13.146/2015 (Estatuto da pessoa com deficiência).

A. Os apoiadores devem manter vínculo de parentesco com a pessoa com deficiência, em linha reta, ou colateral até o quarto grau.

B. O procedimento de tomada de decisão apoiada poderá se dar via judicial ou extrajudicial, de modo que a forma extrajudicial exige o instrumento público.

C. No procedimento de tomada de decisão apoiada, é necessária a delimitação do apoio a ser oferecido à pessoa com deficiência, bem como o prazo de vigência do acordo.

D. Havendo divergência de opiniões entre a pessoa apoiada e um dos apoiadores, em negócio jurídico que possa trazer risco ou prejuízo relevante à pessoa com deficiência, prevalecerá a opinião contrária à realização do negócio.

QUESTÃO 61

Ano: 2018 Banca: FGV Órgão: MPE-RJ Prova: FGV - 2018 - MPE-RJ - Estágio Forense

Junior, menor de 15 anos de idade, conduzindo uma bicicleta, sem freios e em velocidade exagerada, atropela Maria, 85 anos, causando-lhe graves lesões e invalidez permanente.

Diante de tal situação de fato, assinale a afirmativa correta.

A. O incapaz responde pelos prejuízos que causar, se as pessoas por ele responsáveis não tiverem obrigação de fazê-lo ou não dispuserem de meios suficientes.

B. O incapaz nunca responde pelos prejuízos que causar, independentemente de as pessoas por ele responsáveis terem obrigação de fazê-lo ou meios suficientes

C. A responsabilidade civil não é independente da criminal, podendo-se questionar a qualquer tempo sobre a existência do fato, ou sobre sua autoria, mesmo que essas questões se acharem decididas no juízo criminal

D. Se houver excessiva desproporção entre o grau de culpa e o dano, não poderá o juiz reduzir equitativamente a indenização.

E. Eventual indenização não compreenderá as despesas de tratamento, lucros cessantes e pensionamento.

QUESTÃO 62

Ano: 2018 Banca: Fundação Carlos Chagas (FCC) Órgão: MPE-PE Prova: FCC - 2018 - MPE-PE - Analista Ministerial - Área Jurídica

De acordo com a atual redação do Código Civil, estão sujeitos à curatela:

A. aqueles que, por causa transitória ou permanente, não puderem exprimir sua vontade; os ébrios habituais e os viciados em tóxico; os deficientes mentais; e os deficientes visuais.

B. aqueles que, por enfermidade ou deficiência mental, não tiverem o necessário discernimento para os atos da vida civil; aqueles que, por outra causa duradoura, não puderem exprimir a sua vontade; os deficientes mentais, os ébrios habituais e os viciados em tóxicos; os excepcionais sem completo desenvolvimento mental; os filhos menores de dezoito anos.

C. aqueles que, por enfermidade ou deficiência mental, não tiverem o necessário discernimento para os atos da vida civil, desde que não se trate de fato transitório; e os ébrios habituais e os viciados em tóxicos.

D. os excepcionais sem completo desenvolvimento mental; aqueles que, por outra causa duradoura, não puderem exprimir a sua vontade; os surdos, ainda que possam exprimir sua vontade; e os pródigos.

E. aqueles que, por causa transitória ou permanente, não puderem exprimir sua vontade; os ébrios habituais e os viciados em tóxico; e os pródigos.

QUESTÃO 63 _____

Ano: 2018 Banca: CESPE / CEBRASPE Órgão: TJ-CE Prova: CESPE - 2018 - TJ-CE - Juiz Substituto

A curatela de pessoa com deficiência é medida protetiva extraordinária

A. que impõe aos curadores o dever de representar os curatelados e de prestar semestralmente contas de sua atuação ao juiz.

B. incompatível com a nomeação de curador provisório, haja vista a natureza definitiva da curatela.

C. que afetará somente os atos relacionados aos direitos de natureza patrimonial e negocial indicados na sentença.

D. que poderá ser instituída por iniciativa do próprio interditando, mediante escritura pública, conforme o CPC.

E. proporcional às necessidades e às circunstâncias de cada caso, sendo um instituto igual ao da modalidade de decisão apoiada.

QUESTÃO 64

Ano: 2018 Banca: VUNESP Órgão: TJ-SP Prova: VUNESP - 2018 - TJ-SP - Juiz Substituto

A curatela afetará tão somente os atos relacionados aos direitos de

A. natureza patrimonial e negocial, não alcançando o direito ao voto, ao matrimônio e à sexualidade.

B. natureza patrimonial, alcançando, porém, aqueles relativos à saúde e à educação.

C. natureza negocial, alcançando, porém, o direito ao trabalho e à privacidade.

D. família e patrimoniais.

QUESTÃO 65

Ano: 2018 Banca: FCC Órgão: SEGEP-MA Prova: FCC - 2018 - SEGEP-MA - Analista Executivo - Assistente Social

A Lei Brasileira de Inclusão da Pessoa com Deficiência (LBI), Lei nº 13.146/2015, também conhecida como Estatuto da Pessoa com Deficiência, destina-se a assegurar e promover, em condições de igualdade, o exercício dos direitos e das liberdades fundamentais por pessoa com deficiência, visando à sua inclusão social e cidadania. No que se refere às mudanças na concepção civilista sobre a capacidade legal da pessoa com deficiência, a LBI

A. determinou que a curatela afetará não só os atos relacionados aos direitos de natureza patrimonial e negocial, mas também, e principalmente, sua capacidade de escolha.

B. requalificou a medida de proteção por meio da curatela e criou nova salvaguarda com a tomada de decisão apoiada.

C. dispôs que, no caso de pessoa em situação de institucionalização, o juiz deve designar como curador o diretor da instituição.

D. instituiu que é obrigatório à pessoa com deficiência a adoção de processo de tomada de decisão apoiada.

E. dispôs que, no processo judicial de tomada de decisão apoiada, devem participar somente as duas pessoas indicadas como apoiadoras e o juiz, assistido por uma equipe multidisciplinar.

QUESTÃO 66 _____

Ano: 2018 Banca: INSTITUTO AOCP Órgão: TRT - 1ª REGIÃO (RJ) Provas: INSTITUTO AOCP - 2018 - TRT - 1ª REGIÃO (RJ) - Analista Judiciário - Oficial de Justiça Avaliador Federal

José é pessoa com deficiência e está submetido ao regime de curatela. Ele pretende contrair matrimônio, no entanto seu curador o está impedindo. Nesse sentido, de acordo com os ditames da Lei n° 13.146/2015, o curador de José

A. não está agindo corretamente, já que a curatela atinge tão somente os atos relacionados aos direitos de natureza patrimonial e negocial.

B. não está agindo corretamente, já que, embora a curatela atinja atos de natureza matrimonial, caberia nesse caso ao poder judiciário a decisão sobre a autorização de se contrair matrimônio.

C. está agindo corretamente já que a curatela alcança o direito ao próprio corpo, à sexualidade, ao matrimônio, à privacidade, à educação, à saúde, ao trabalho e ao voto do curatelado

D. está agindo corretamente já que o ato de contrair matrimônio pode refletir na esfera patrimonial do curatelado.

E. está agindo corretamente já que à pessoa submetida ao regime de curatela é vedado contrair matrimônio.

QUESTÃO 67 ————————————————————

Ano: 2018 Banca: FUNDEP (Gestão de Concursos) Órgão: MPE-MG Prova: FUNDEP (Gestão de Concursos) - 2018 - MPE-MG - Promotor de Justiça Substituto

Assinale a alternativa CORRETA:

A. A Lei 13.146/15 (Estatuto da Pessoa com Deficiência – EPD) instituiu, com a curatela, o modelo protetivo de substituição da vontade no sistema de incapacidades.

B. A Lei 13.146/15 (Estatuto da Pessoa com Deficiência – EPD), embora qualifique a validade dos atos existenciais praticados pela pessoa com deficiência, não retroage para alcançar situações pretéritas.

C. a tomada de decisão apoiada é medida que visa à proteção da pessoa com deficiência capaz em situação de vulnerabilidade.

D. Não corre a prescrição contra o relativamente incapaz curatelado.

QUESTÃO 68

Ano: 2017 Banca: Big Advice Órgão: Prefeitura de Parisi - SP Prova: Big Advice - 2017 - Prefeitura de Parisi - SP - Procurador Jurídico

A incapacidade pode ser absoluta quando há a proibição total do exercício pelo titular do direto. São absolutamente incapazes aqueles impedidos de agir, ou seja, seus atos devem ser exercidos por terceira pessoa que o representa. Nesse sentido, são absolutamente incapazes de exercer pessoalmente os atos da vida civil:

A. Os que por enfermidade ou deficiência mental, não tiverem o necessário discernimento para a prática desses atos.

B. Os menores de 16.

C. Os que, mesmo por causa transitória, não puderem exprimir sua vontade.

D. Os ébrios habituais e os viciados em tóxicos.

E. Os pródigos.

QUESTÃO 69

Ano: 2017 Banca: FCC Órgão: TJ-SC Prova: FCC - 2017 - TJ-SC - Juiz Substituto

A curatela

A. do pródigo priva-o, apenas, de, sem curador, transigir, dar quitação ou alienar bens móveis ou imóveis.

B. de pessoa com deficiência é medida protetiva extraordinária e definitiva.

C. da pessoa com deficiência não poderá ser compartilhada a mais de uma pessoa, porque não se confunde com a tomada de decisão apoiada.

D. de pessoa com deficiência afetará tão-somente os atos relacionados aos direitos de natureza patrimonial e negocial, não alcançando o direito ao trabalho, nem ao voto.

E. do pródigo priva-o do matrimônio ou de novo matrimônio sob o regime de comunhão universal ou parcial de bens, e de, sem curador, alienar bens imóveis, hipotecá-los e demandar ou ser demandado sobre esses bens.

QUESTÃO 70

Ano: 2017 Banca: FMP Concursos Órgão: MPE-RO Prova: FMP Concursos - 2017 - MPE-RO - Promotor de Justiça Substituto

Em relação à proteção das pessoas com deficiência é CORRETO afirmar:

A. No processo de tomada de decisão apoiada, a escolha dos apoiadores recairá, preferencialmente, sobre familiares da pessoa com deficiência.

B. A curatela das pessoas com deficiência recai apenas sobre atos relacionados aos direitos de natureza patrimonial e negocial.

C. O gozo dos benefícios decorrentes de ação afirmativa é indisponível.

D. A adoção de sistema de ensino inclusivo é obrigatória para as instituições públicas e facultativa para as instituições privadas.

E. O dever de adoção de desenho universal visando assegurar a acessibilidade da pessoa com deficiência não pode ser afastado sob alegação de impossibilidade técnica.

QUESTÃO 71

Ano: 2017 Banca: FCC Órgão: TST Prova: FCC - 2017 - TST - Juiz do Trabalho Substituto

Em julho de 2015, tendo como base a Convenção sobre os Direitos das Pessoas com Deficiência, foi instituída a Lei Brasileira de Inclusão da Pessoa com Deficiência (Lei n° 13.146/2015), destinada a assegurar e promover, em condições de igualdade, o exercício dos direitos e das liberdades fundamentais por pessoa com deficiência, visando à sua inclusão social e cidadania. Nesse sentido,

A. o Código Civil passou a considerar relativamente incapazes a certos atos ou à maneira de os exercer aqueles que, por causa transitória ou permanente, não puderem exprimir sua vontade.

B. considera-se pessoa com deficiência aquela que tem impedimento de curto, médio e longo prazos, de natureza física, mental, intelectual ou sensorial, o qual, em interação com uma ou mais barreiras, pode obstruir sua participação plena e efetiva na sociedade em igualdade de condições com as demais pessoas.

C. a pessoa com deficiência tem direito a condições justas e favoráveis de trabalho, incluindo igual remuneração por trabalho de igual valor; admitindo-se, contudo, nos termos da lei, restrição ao trabalho da pessoa com deficiência e diferenciação em razão de sua condição, inclusive nas etapas de recrutamento, seleção, contratação e admissão no emprego.

D. uma vez vigente o contrato de trabalho, a pessoa com deficiência tem direito à participação e ao acesso a cursos, treinamentos, educação continuada, planos de carreira, promoções, bonificações e incentivos profissionais oferecidos pelo empregador, com prioridade em relação aos demais empregados.

E. o Código Civil deixou de considerar absolutamente incapazes de exercer pessoalmente os atos da vida civil: (i) os ausentes, declarados tais por ato do juiz; (ii) os que, por enfermidade ou deficiência mental, não tiverem o necessário discernimento, e (iii) os que, mesmo por causa transitória, não puderem exprimir sua vontade.

QUESTÃO 72

Ano: 2017 Banca: PGR Órgão: PGR Prova: PGR - 2017 - PGR - Procurador da República

A LEI Nº 13.146/2015 (ESTATUTO DA PESSOA COM DEFICIÊNCIA) PRODUZIU, ENTRE OUTRAS, AS SEGUINTES ALTERAÇÕES NO ATUAL CÓDIGO CIVIL:

I. Extinguiu a curatela e garantiu um sistema educacional inclusivo. II. Desatrelou os conceitos de incapacidade e de pessoa com deficiência. III. Facultou a adoção do processo de Tomada de Decisão Apoiada. IV. Garantiu à pessoa com deficiência o direito de votar e ser votada.

Das proposições acima:

A. Todas estão corretas;

B. I e II estão corretas;

C. II e III estão corretas;

D. III e IV estão corretas.

QUESTÃO 73

Ano: 2017 Banca: CESPE / CEBRASPE Órgão: MPE-RR Prova: CESPE - 2017 - MPE-RR - Promotor de Justiça Substituto

Com o advento do Estatuto da Pessoa com Deficiência, realizaram-se, no texto do Código Civil, alterações relativas à capacidade civil que revolucionaram a teoria das incapacidades.

Acerca desse assunto, assinale a opção correta.

A. Deixou de ser hipótese de nulidade casamento contraído por enfermo mental que não possua o necessário discernimento para os atos da vida civil.

B. O referido estatuto ab-rogou determinados artigos do Código Civil.

C. No que se refere à capacidade, no Código Civil, passou-se a valorizar a dignidade-vulnerabilidade para atender disposições internacionais relacionadas ao tema.

D. Mesmo diante de incapacidade absoluta, a curatela abrange somente atos relacionados a direitos de natureza patrimonial.

QUESTÃO 74

Ano: 2017 Banca: FAUEL Órgão: Prev São José - PR Prova: FAUEL - 2017 - Prev São José - PR – Advogado

Sobre a constitucionalização do Direito Civil, assinale a alternativa INCORRETA.

A. Interpreta-se o Código Civil a partir da Constituição e não o contrário.

B. O Direito Civil Constitucional está baseado em uma visão fragmentária do ordenamento jurídico.

C. A dignidade da pessoa humana, como vetor axiológico fundamental da Constituição Federal, orienta não só o Estado, mas também os particulares, nas suas relações privadas.

D. O princípio da isonomia, em seu aspecto unicamente formal, não se mostra suficiente, sendo imprescindível a busca pela igualdade material ou substancial.

E. A constitucionalização do Direito Civil relaciona-se diretamente com a consagração da ideia da força normativa das normas constitucionais, não mais perdurando a concepção da Carta Constitucional como mera declaração política.

QUESTÃO 75

Ano: 2017 Banca: IBFC Órgão: TJ-PE Prova: IBFC - 2017 - TJ-PE - Analista Judiciário - Função Judiciária

Sobre os institutos da tutela e da curatela, assinale a alternativa que contém a resposta incorreta:

A. A tutela se verifica quando da decadência do poder familiar

B. Na falta de tutor legítimo, o juiz nomeará um tutor idôneo residente no domicílio do menor

C. Aos irmãos órfãos serão estabelecidos mais de um tutor

D. Os ébrios habituais e os viciados em tóxico estão sujeitos a curatela

E. A autoridade do curador estende-se à pessoa e aos bens dos filhos do curatelado

QUESTÃO 76

Ano: 2017 Banca: CESPE / CEBRASPE Órgão: TRE-TO Prova: CESPE - 2017 - TRE-TO - Analista Judiciário - Área Judiciária

Jovem de dezesseis anos de idade que se case com indivíduo civilmente capaz e que se torne viúva antes de completar dezoito anos de idade

A. passará, automaticamente, ao estado de relativamente incapaz.

B. regressará, desde que sentença judicial assim determine, ao estado de incapacidade.

C. permanecerá, independentemente de sentença judicial, capaz para os atos da vida civil.

D. permanecerá, desde que sentença judicial assim determine, capaz para os atos da vida civil.

E. regressará, automaticamente, ao estado de absolutamente incapaz

QUESTÃO 77

Ano: 2017 Banca: FUNDEP (Gestão de Concursos) Órgão: MPE-MG Prova: FUNDEP (Gestão de Concursos) - 2017 - MPE-MG - Promotor de Justiça Substituto

Assinale a alternativa CORRETA:

A. Em caso de necessidade, a pessoa capaz, com deficiência, pode sujeitar-se à curatela relativamente aos atos patrimoniais e negociais.

B. A prestação de contas das fundações ao Ministério Público poderá ser suprida pelo juiz, a requerimento do interessado.

C. A confissão feita pelo representante obriga necessariamente o representado.

D. A contestação da paternidade fundada em erro é privativa do pai registral.

QUESTÃO 78

Ano: 2017 Banca: FCC Órgão: TRT - 24ª REGIÃO (MS) Provas: FCC - 2017 - TRT - 24ª REGIÃO (MS) - Analista Judiciário - Área Judiciária

Na tomada de decisão apoiada, instituída pela Lei n° 13.146/2015 – Estatuto da Pessoa com Deficiência,

A. a decisão tomada por pessoa apoiada terá validade e efeitos sobre terceiros, sem restrições, desde que esteja inserida nos limites do apoio acordado.

B. é feita a indicação de um curador para prestar apoio à pessoa com deficiência no que diz respeito às decisões e atos da vida civil.

C. o terceiro com quem a pessoa apoiada mantenha relação negocial não pode solicitar que os apoiadores contra-assinem o contrato ou acordo.

D. a lei estabelece quais são os atos que são abrangidos e qual é o prazo mínimo a que deve se submeter a pessoa apoiada.

E. o apoiador pode requerer a exclusão de sua participação do processo de tomada de decisão apoiada, independente de autorização judicial.

QUESTÃO 79

Ano: 2017 Banca: CESPE / CEBRASPE Órgão: TRE-PE Provas: CESPE - 2017 - TRE-PE - Conhecimentos Gerais - Cargo 3

Acerca do instituto da tomada de decisão apoiada, assinale a opção correta.

A. Não é possível ao juiz designar apoiadores em substituição àqueles indicados.

B. A curatela não pode substituir a tomada de decisão apoiada, ainda que ocorra planejamento pessoal do beneficiário nesse sentido.

C. O beneficiário desse instituto conserva sua capacidade de autodeterminação em relação aos atos da vida civil, salvo aqueles previstos no acordo de tomada de decisão apoiada.

D. Tal instituto é aplicável aos casos de pessoas com deficiência que se enquadrem no conceito de relativamente incapazes.

E. A decisão tomada por pessoa apoiada é válida contra terceiros, com restrições, ainda que não figure nos limites do acordo.

QUESTÃO 80

Ano: 2016 Banca: FCC Órgão: DPE-BA Prova: FCC - 2016 - DPE-BA - Defensor Público

A pessoa com deficiência recebeu um novo estatuto que, dentro dos limites legais, destina-se a assegurar e a promover, em condições de igualdade, o exercício dos direitos e das liberdades fundamentais por pessoa com deficiência, visando à sua inclusão social e cidadania. Dentre as novidades introduzidas, destaca-se o entendimento que

A. a deficiência não afeta a plena capacidade civil da pessoa, inclusive para casar-se, constituir união estável e exercer direitos sexuais e reprodutivos.

B. para emissão de documentos oficiais será exigida a situação de curatela da pessoa com deficiência.

C. a pessoa com deficiência está obrigada à fruição de benefícios decorrentes de ação afirmativa.

D. a pessoa com deficiência poderá ser obrigada a se submeter à intervenção clínica ou cirúrgica, a tratamento ou à institucionalização forçada, sempre com recomendação médica, independentemente de risco de morte ou emergência.

E. a educação constitui direito da pessoa com deficiência, a ser exercido em escola especial e direcionada, em um local que não se conviva deficientes e não-deficientes.

QUESTÃO 81

Ano: 2016 Banca: CESPE / CEBRASPE Órgão: OAB-SP Prova: CESPE – 2016.2 - OAB-SP – XX Exame de Ordem - Primeira Fase

Pedro, em dezembro de 2011, aos 16 anos, se formou no ensino médio. Em agosto de 2012, ainda com 16 anos, começou estágio voluntário em uma companhia local. Em janeiro de 2013, já com 17 anos, foi morar com sua namorada.

Em julho de 2013, ainda com 17 anos, após ter sido aprovado e nomeado em um concurso público, Pedro entrou em exercício no respectivo emprego público.

Tendo por base o disposto no Código Civil, assinale a opção que indica a data em que cessou a incapacidade de Pedro.

A.   Dezembro de 2011.

B.   Agosto de 2012.

C.   Janeiro de 2013.

D.   Julho de 2013.

QUESTÃO 82

Ano: 2016 Banca: CESPE / CEBRASPE Órgão: PC-PE Prova: CESPE - 2016 - PC-PE - Delegado de Polícia

Com base nas disposições do Código Civil, assinale a opção correta a respeito da capacidade civil.

A. Os pródigos, outrora considerados relativamente incapazes, não possuem restrições à capacidade civil, de acordo com a atual redação do código em questão.

B. Indivíduo que, por deficiência mental, tenha o discernimento reduzido é considerado relativamente incapaz.

C. O indivíduo que não consegue exprimir sua vontade é considerado absolutamente incapaz.

D. Indivíduos que, por enfermidade ou deficiência mental, não tiverem o necessário discernimento para a prática dos atos da vida civil são considerados absolutamente incapazes.

E. Somente os menores de dezesseis anos de idade são considerados absolutamente incapazes pela lei civil.

QUESTÃO 83

Ano: 2016 Banca: CESPE / CEBRASPE Órgão: TRT - 8ª Região (PA e AP) Prova: CESPE - 2016 - TRT - 8ª Região (PA e AP) - Analista Judiciário - Área Judiciária

A respeito da pessoa natural e da pessoa jurídica, assinale a opção correta.

A. São considerados absolutamente incapazes os menores de dezesseis anos de idade, os pródigos e aqueles que, mesmo por causa transitória, não puderem exprimir sua vontade.

B. A dotação especial de bens livres do instituidor para a criação da fundação só tem validade se feita por escritura pública, sendo vedada a sua instituição mediante testamento.

C. Os partidos políticos, assim como os municípios e a União, são pessoas jurídicas de direito público interno.

D. Ao permitir que o nascituro pleiteie alimentos ao suposto pai, por meio de ação judicial, a lei reconheceu-lhe personalidade jurídica.

E. No caso de um tutor pretender adquirir para si bens do tutelado, é correto afirmar que aquele tem capacidade para a prática desse negócio jurídico, mas carece de legitimação para realizar tal aquisição.

QUESTÃO 84 _____

Ano: 2016 Banca: CESPE / CEBRASPE Órgão: TJ-AM Prova: CESPE - 2016 - TJ-AM - Juiz Substituto

Assinale a opção correta a respeito da pessoa natural e da pessoa jurídica.

A. Será tido como inexistente o ato praticado por pessoa absolutamente incapaz sem a devida representação legal.

B. Pelo critério da idade, crianças são consideradas absolutamente incapazes e adolescentes, relativamente incapazes.

C. As fundações são entidades de direito privado e se caracterizam pela união de pessoas com o escopo de alcançarem fins não econômicos.

D. Para se adquirir a capacidade civil plena, é necessário alcançar a maioridade civil, mas é possível que, ainda que maior de dezoito anos, a pessoa natural seja incapaz de exercer pessoalmente os atos da vida civil.

E. O reconhecimento da morte presumida, quando for extremamente provável a morte de quem estava com a vida sob risco, independe da declaração da ausência.

QUESTÃO 85 _____

Ano: 2016 Banca: IADHED Órgão: Prefeitura de Araguari - MG Prova: IADHED - 2016 - Prefeitura de Araguari - MG - Procurador Municipal

Considerando as afirmativas abaixo sobre as pessoas:

I- A personalidade jurídica deve ser entendida como a aptidão para adquirir direitos e contrair obrigações;

II- A capacidade jurídica dá extensão à personalidade jurídica, pois pode haver capacidade relativa a certos atos civis, enquanto à personalidade é terminologia genérica;

III- A capacidade de direito ou jurídica é aquela que gera a aptidão para exercer direitos e contrair obrigações;

IV- A capacidade de fato é a aptidão genérica para a prática de atos com efeitos jurídicos eficazes.

Marque a seguir, a opção que representa corretamente a sequência das afirmativas:

A. -I- verdadeira; II- verdadeira; III- falsa; IV- verdadeira;

B. -I- verdadeira; II- falsa; III- verdadeira; IV- falsa;

C. -I- falsa; II- verdadeira; III- verdadeira; IV- verdadeira;

D. -I- verdadeira; II- verdadeira; III- verdadeira; IV- falsa.

QUESTÃO 86

Ano: 2016 Banca: IADHED Órgão: Prefeitura de Araguari - MG Prova: IADHED - 2016 - Prefeitura de Araguari - MG - Procurador Municipal

A respeito do que dispõe o Código Civil vigente, assinale a opção correta:

A. São absolutamente incapazes de exercer pessoalmente os atos da vida civil os menores de dezesseis anos e os que, por enfermidade ou deficiência mental, não tiverem o necessário discernimento para a prática desses atos;

B. São absolutamente incapazes de exercer pessoalmente os atos da vida civil os menores de dezesseis anos; os que, por enfermidade ou deficiência mental, não tiverem o necessário discernimento para a prática desses atos e os que, mesmo por causa transitória, não puderem exprimir sua vontade;

C. São absolutamente incapazes de exercer pessoalmente os atos da vida civil os menores de dezesseis anos e os que, mesmo por causa transitória, não puderem exprimir sua vontade;

D. São absolutamente incapazes de exercer pessoalmente os atos da vida civil apenas os menores de 16 anos.

QUESTÃO 87

Ano: 2016 Banca: MPE-GO Órgão: MPE-GO Prova: MPE-GO - 2016

- MPE-GO - Promotor de Justiça Substituto

A Tomada de Decisão Apoiada, modelo protecionista criado pela Lei n. 13.146/2015 (Estatuto da Pessoa com Deficiência):

A.   destina-se a proteção de pessoa vulnerável em virtude de circunstância pessoal, física, psíquica ou intelectual, restringindo-lhe temporariamente a capacidade, a fim de que receba auxílio para decisão sobre determinado ato da vida civil;

B.   configura novo instituto jurídico, ao lado da tutela e da curatela, vocacionado para a proteção de incapazes ou relativamente incapazes, devendo os apoiadores nomeados pelo juiz, após oitiva do Ministério Público, seguir fielmente o termo levado a juízo, considerando as necessidades e aspirações da pessoa apoiada;

C.   será determinada pelo juiz, em procedimento de jurisdição voluntária, a requerimento da pessoa com deficiência que indicará pelo menos duas pessoas idôneas, com as quais mantenha vínculo e que gozem de sua confiança, para fornecer-lhe apoio na tomada de decisão relativa a atos da vida civil;

D.   é um modelo protecionista criado em favor de pessoas interditadas, em razão de deficiência física, sensorial, psíquica ou intelectual, com objetivo de que o juiz, ouvido o Ministério Público, indique duas pessoas integrantes de equipe multidisciplinar para prestar apoio ao interdito na tomada de decisão relativa aos atos da vida civil.

QUESTÃO 88

Ano: 2016 Banca: FCC Órgão: Prefeitura de Campinas - SP Prova: FCC - 2016 - Prefeitura de Campinas - SP – Procurador

Acerca das inovações introduzidas pela Lei Brasileira de Inclusão da Pessoa com Deficiência (Estatuto da Pessoa com Deficiência, Lei n° 13.146, de 06 de julho de 2015), é correto afirmar:

A. O pedido de tomada de decisão apoiada será formulado por pelo menos dois apoiadores idôneos, devendo constar os limites do apoio a ser oferecido e o prazo de vigência do acordo.

B. A interdição da pessoa com deficiência não mais afeta os atos relacionados aos direitos de natureza patrimonial e de gestão negocial, que poderão ser realizados com a adoção de processo de tomada de decisão apoiada.

C. A declaração de incapacidade absoluta da pessoa com deficiência está condicionada à prévia avaliação por equipe multi-profissional e interdisciplinar.

D. Para emissão de documentos oficiais, não será exigida a situação de curatela da pessoa com deficiência.

E. O Estatuto instituiu em favor da pessoa com deficiência o benefício da meia entrada em espetáculos artístico-culturais e esportivos.

QUESTÃO 89

Ano: 2016 Banca: TRF - 4ª REGIÃO Órgão: TRF - 4ª REGIÃO Prova: TRF - 4ª REGIÃO - 2016 - TRF - 4ª REGIÃO - Juiz Federal Substituto

Assinale a alternativa correta.

A respeito da capacidade civil, levando em conta a Lei nº 13.146/2015:

A. O direito ao recebimento de atendimento prioritário da pessoa com deficiência não abrange a tramitação processual e os procedimentos judiciais em que for parte ou interessada.

B. A pessoa com deficiência – assim entendida aquela que tem impedimento de longo prazo de natureza física, mental, intelectual ou sensorial, o qual, em interação com uma ou mais barreiras, pode obstruir sua participação plena e efetiva na sociedade em igualdade de condições com as demais pessoas – é considerada capaz para casar-se e constituir união estável, exercer direitos sexuais e reprodutivos e conservar sua fertilidade, mas não para exercer o direito à guarda, à tutela, à curatela e à adoção.

C. A menoridade cessa aos dezoito anos completos, quando a pessoa fica habilitada à prática de todos os atos da vida civil. Contudo, a incapacidade cessará, para os menores, dentre outras hipóteses legalmente elencadas, pelo desempenho de funções inerentes a cargo público comissionado ou de provimento efetivo.

D. Qualquer pessoa com mais de dezesseis anos pode casar, independentemente de autorização de seus pais e representantes legais.

E. A curatela de pessoas com deficiência afetará tão somente os atos relacionados aos direitos de natureza patrimonial e negocial, isto é, sua definição não alcança o direito ao próprio corpo, à sexualidade, ao matrimônio, à privacidade, à educação, à saúde, ao trabalho e ao voto.

QUESTÃO 90

Ano: 2014 Banca: Contemax Órgão: Conselho Regional de Enfermagem da Paraíba - PB (COREN/PB) Prova: Advogado

De acordo com o Código Civil vigente, a personalidade jurídica tem início:

•

A. Aos 18 anos

B. Com a emancipação

C. Com o nascimento

D. Com o nascimento com vida

E. Na concepção

QUESTÃO 91

Ano: 2014 Banca: Instituto Brasileiro de Formação e Capacitação (IBFC)Órgão: TER/AM Prova: Técnico Judiciário - Área Administrativa

Com relação ao ato de disposição do próprio corpo e sua disciplina pelo Código Civil, assinale a alternativa INCORRETA:

A. É válido o ato de disposição do próprio corpo que contrarie os bons costumes, independentemente de exigência médica.

B. É admitido para fins de transplante, na forma estabelecida em lei especial.

C. É válida, com objetivo científico, ou altruístico, a disposição gratuita do próprio corpo, no todo ou em parte, para depois da morte.

D. O ato de disposição pode ser livremente revogado a qualquer tempo.

QUESTÃO 92

Ano: 2013 Banca: FGV Órgão: OAB Prova: FGV - 2013 - OAB - Exame de Ordem Unificado - X - Primeira Fase

Gustavo completou 17 anos de idade em janeiro de 2010. Em março de 2010 colou grau em curso de ensino médio. Em julho de 2010 contraiu matrimônio com Beatriz. Em setembro de 2010, foi aprovado em concurso público e iniciou o exercício de emprego público efetivo. Por fim, em novembro de 2010, estabeleceu-se no comércio, abrindo um restaurante.

Assinale a alternativa que indica o momento em que se deu a cessação da incapacidade civil de Gustavo.

A. No momento em que iniciou o exercício de emprego público efetivo.

B. No momento em que colou grau em curso de ensino médio.

C. No momento em que contraiu matrimônio.

D. No momento em que se estabeleceu no comércio, abrindo um restaurante.

QUESTÃO 93

Ano: 2012 Banca: FGV Órgão: OAB Prova: FGV - 2012 - OAB - Exame de Ordem Unificado - VII - Primeira Fase

A proteção da pessoa é uma tendência marcante do atual direito privado, o que leva alguns autores a conceberem a existência de uma verdadeira cláusula geral de tutela da personalidade. Nesse sentido, uma das mudanças mais celebradas do novo Código Civil foi a introdução de um capítulo próprio sobre os chamados direitos da personalidade.

Em relação à disciplina legal dos direitos da personalidade no Código Civil, é correto afirmar que

A. havendo lesão a direito da personalidade, em se tratando de morto, não é mais possível que se reclamem perdas e danos, visto que a morte põe fim à existência da pessoa natural, e os direitos personalíssimos são intransmissíveis.

B.   como regra geral, os direitos da personalidade são intransmissíveis e irrenunciáveis, mas o seu exercício poderá sofrer irrestrita limitação voluntária.

C.   é permitida a disposição gratuita do próprio corpo, no todo ou em parte, com objetivo altruístico ou científico, para depois da morte, sendo que tal ato de disposição poderá ser revogado a qualquer tempo.

D.   em razão de sua maior visibilidade social, a proteção dos direitos da personalidade das celebridades e das chamadas pessoas públicas é mais flexível, sendo permitido utilizar o seu nome para finalidade comercial, ainda que sem prévia autorização.

QUESTÃO 94

Ano: 2009 Banca: CESPE / CEBRASPE Órgão: OAB Prova: CESPE - 2009 - OAB - Exame de Ordem - 2 - Primeira Fase

Assinale a opção correta acerca das pessoas naturais e jurídicas.

A.   A personalidade civil da pessoa natural tem início a partir do nascimento com vida, independentemente do preenchimento de qualquer requisito psíquico.

B.   O indivíduo de 16 anos de idade, ao contrair casamento, adquire a plena capacidade civil por meio da emancipação, voltando à condição de incapaz se, um ano após o casamento, sobrevier a separação judicial.

C. Na sistemática do Código Civil, não se admite a declaração judicial de morte presumida sem decretação de ausência.

D. A existência legal das pessoas jurídicas de direito privado começa com o início de suas atividades jurídicas.

QUESTÃO 95

Ano: 2008 Banca: CESPE / CEBRASPE Órgão: OAB-SP Prova: CESPE - 2008 - OAB-SP - Exame de Ordem - 3 - Primeira Fase

Pessoa é todo ente físico ou moral suscetível de direitos e obrigações, sendo, portanto, sujeito de direitos.

Idem, ibidem.

Tendo o fragmento de texto acima como referência e considerando os dispositivos do Código Civil relativos às pessoas natural e jurídica, assinale a opção correta.

A. A capacidade de exercício da pessoa natural corresponde à sua inaptidão para ser sujeito de direito.

B. A capacidade de exercício ou de fato da pessoa natural pressupõe a de gozo ou de direito, mas esta pode subsistir sem aquela.

C. A incapacidade relativa da pessoa natural não pode ser suprida.

D. O estado político da pessoa natural indica a sua situação em relação ao matrimônio e ao parentesco consanguíneo ou por afinidade.

QUESTÃO 96

Ano: 2007 Banca: VUNESP Órgão: OAB-SP Prova: VUNESP - 2007 - OAB-SP - Exame de Ordem - 3 - Primeira Fase

A personalidade civil da pessoa natural surge e desaparece, respectivamente,   com

A.   o nascimento e a morte.

B.   a concepção e a morte.

C.   a maioridade e a morte.

D.   a concepção e a senilidade.

QUESTÃO 97

Ano: 2007 Banca: CESPE / CEBRASPE Órgão: OAB Prova: CESPE - 2007 - OAB - Exame de Ordem - 1 - Primeira Fase

Com relação ao direito da pessoa, assinale a opção correta.

A.   Os direitos da personalidade são intransmissíveis, irrenunciáveis, inatos ou decorrentes, perpétuos e insuscetíveis de apropriação.

B.   A capacidade de exercício é imanente a toda pessoa, o que significa dizer que toda pessoa tem capacidade de adquirir direitos e contrair obrigações.

C.   A emancipação voluntária ocorre pelo exercício de emprego público efetivo.

D.   Depois de transitada em julgado, a sentença judicial que decreta a nulidade ou anulação do casamento deve ser registrada no cartório de registro de pessoas naturais.

QUESTÃO 98

Ano: 2007 Banca: VUNESP Órgão: OAB-SP Prova: VUNESP - 2007 - OAB-SP - Exame de Ordem - 3 - Primeira Fase

Não é própria aos direitos da personalidade a qualidade de

A.   imprescritibilidade.

B.   irrenunciabilidade.

C.   disponibilidade.

D.   efeitos erga omnes.

QUESTÃO 99

Ano: 2006 Banca: ND Órgão: OAB-DF Prova: ND - 2006 - OAB-DF - Exame de Ordem - 3 - Primeira Fase

Sobre   a   capacidade   é   correto   afirmar:

A.   capacidade e personalidade são conceitos sinônimos, podendo ser utilizados indistintamente;

B.   capacidade de direito e capacidade de exercício são atributos inerentes a toda pessoa humana;

C.   somente aos dezoito anos adquire-se a capacidade de exercício por implemento da idade;

D. o poder familiar estende-se além dos dezoito anos completos em relação aos filhos, relativamente a responsabilização civil.

QUESTÃO 100

Ano: 2005 Banc: OAB-SP Órgão: OAB-SP Prova: OAB-SP - 2005 - OAB-SP - Exame de Ordem - 2 - Primeira Fase

Os direitos da personalidade são irrenunciáveis e

A. intransmissíveis, não podendo o seu exercício sofrer limitação voluntária.

B. disponíveis, podendo o seu exercício sofrer limitação voluntária.

C. intransmissíveis, podendo o seu exercício sofrer limitação voluntária.

D. intransmissíveis, podendo o seu exercício sofrer, parcialmente, limitação voluntária.

QUESTÃO 101

Ano: 2006 Banca: FCC Órgão: TRF - 1ª REGIÃO Prova: FCC - 2006 - TRF - 1ª REGIÃO - Técnico Judiciário - Área Administrativa

Com relação à validade do negócio jurídico, em regra, a incapacidade relativa de uma das partes

A. não pode ser invocada pela outra em benefício próprio, mas aproveita aos co-interessados capazes, salvo se, neste caso, for indivisível o objeto do direito ou da obrigação comum.

B. pode ser invocada pela outra em benefício próprio, bem como aproveita aos co-interessados capazes, em qualquer hipótese.

C. não pode ser invocada pela outra em benefício próprio, nem aproveita aos co-interessados capazes, salvo se, neste caso, for indivisível o objeto do direito ou da obrigação comum.

D. pode ser invocada pela outra em benefício próprio e aproveita aos co-interessados capazes apenas se, neste caso, for divisível o objeto do direito ou da obrigação comum.

E. não pode ser invocada pela outra em benefício próprio e nem aproveita aos co-interessados capazes, em qualquer hipótese.

GABARITO COMENTADO

1- C	11- E	21-E	31-E	41-A
2- E	12- E	22-C	32-E	42-B
3- E	13- E	23-C	33-E	43-E
4- C	14- E	24-C	34-C	44-C
5- E	15- C	25-E	35-C	45-A
6- C	16- E	26-C	36-B	46-B
7- C	17- C	27-C	37-C	47-E
8- C	18- C	28-E	38-C	48-A
9- C	19- C	29-C	39-A	49-D
10- C	20- C	30-C	40-C	50-C

51- C	61-A	71-A	81-D	91-A	
52- A	62-E	72-C	82-E	92-C	
53-C	63-C	73-A	83-E	93-C	
54-B	64-A	74-B	84-E	94-A	
55-D	65-B	75-C	85-A	95-B	
56-A	66-A	76-C	86-D	96-A	
57-B	67-C	77-A	87-C	97-A	
58-D	68-B	78-A	88-D	98-C	
59-E	69-D	79-C	89-E	99-C	
60-C	70-B	80-A	90-D	100-A	101-C

1- Literalidade do art. 1.783-A do Código Civil (CC)

2- Literalidade do art.6, VI do Estatuto da pessoa com deficiência (EPD)

3- Literalidade do art. 87, do EPD

4- Literalidade do art. 12, parágrafo único do CC.

5- O gabarito oficial da banca reconheceu a questão como correta, contudo, poderia ter sido considerada errada já que enuncia "consonante ao Código Civil". Conforme o art. 1.635, II do CC, a emancipação faz extinguir o poder familiar. Todavia o entendimento jurisprudencial é que se a emancipação for voluntaria a responsabilidade dos pais e dos filhos serão solidárias. Ademais, conforme o Enunciado 41 da I Jornada de Direito Civil: *"A única hipótese em que poderá haver responsabilidade solidária do menor de 18 anos com seus pais é ter sido emancipado nos termos do art. 5°, parágrafo único, inc. I, do novo código civil."*

6- A questão é controversa, pois embora a banca tenha apresentado o gabarito como correto a questão pode ser considerada errada, pois confunde o conceito de personalidade com capacidade de fato.

7- Conforme o enunciado 274 da IV Jornada de Direito Civil: *"Os direitos da personalidade, regulados de maneira não-exaustiva pelo Código Civil, são expressões da cláusula geral de tutela da pessoa humana, contida no art. 1°, inc. III, da Constituição (princípio da dignidade da pessoa humana). Em caso de colisão entre eles, como nenhum pode sobrelevar os* *demais, deve-se aplicar a técnica da ponderação."*

8- Questão correta com base no artigo 19 do Código Civil: *"O pseudônimo adotado para atividades lícitas goza da proteção que se dá ao nome."*

9- Questão correta conforme o artigo 49-A do CC.

10- Questão em conformidade com o Código Civil, vejamos: art. 115. *"Os poderes de representação conferem-se por lei ou pelo interessado";* art. 116. *"A manifestação de vontade pelo representante, nos limites de seus poderes, produz efeitos em relação ao representado".*

11- Conforme o Código Civil apenas os menores de 16 anos são considerados absolutamente incapazes. A situação hipotética da questão gera uma incapacidade relativa nos termos do artigo 4, III do CC: *"São incapazes, relativamente a certos atos ou à maneira de os exercer: [...] III - aqueles que, por causa transitória ou permanente, não puderem exprimir sua vontade"* Observação: não é unânime, mas alguns tribunais julgaram incidentalmente a inconstitucionalidade parcial do artigo 114, da lei n.º 13.146/2015, no que tange às alterações feitas nos artigos 3.º e 4.º do Código Civil.

12- Não é o juiz que elege os apoiadores e sim a pessoa com deficiência, nos termos do art. 1.783-A do CC: *" A tomada de decisão apoiada é o processo pelo qual **a pessoa com deficiência elege** pelo menos 2 (duas) pessoas idônea com as quais mantenha vínculos e que gozem de sua confiança, para prestar-lhe apoio na tomada de decisão sobre atos da vida civil, fornecendo-lhes os elementos e informações necessários para que possa exercer sua capacidade.''*(grifei)

13- O rol de incapacidade absoluta do art. 3º do código civil é taxativo. Portanto somente os menores de 16 anos são considerados absolutamente incapazes.

14- A pessoa que, por causa permanente, não puder exprimir sua vontade é relativamente incapaz, nos termos do art. 4º, III, do CC.

15- Enunciado correto nos termos do artigo 3º do Código Civil.

16- A questão está errada pois confunde capacidade de fato com capacidade de direito. Desde o nascimento com vida temos personalidade jurídica, ou seja, temos a capacidade de adquirir direitos e obrigações, ainda que não exista a capacidade para exercê-los. Nesse sentido, a questão está errada pois os menores de 16 anos, são absolutamente incapazes de exercer seus direitos, devendo ser representados para os atos da vida civil. Mas eles são sujeitos de direitos e obrigações. Nesse sentido, capacidade de fato não se confunde com capacidade de direito.

17- Questão correta nos termos do art. 2º do Código Civil. Um exemplo do direito do nascituro são os alimentos gravídicos.

18- Questão correta nos termos do artigo 2º do Código Civil.

19- Embora a questão indique que o candidato responda: "com base nas disposições do código civil", o conceito: *a capacidade é a medida da personalidade*, é um entendimento doutrinário.

20- Questão correta nos termos do artigo 928 do Código Civil.

21- Carlos **não** poderá pleitear a anulação do contrato com base na incapacidade de Rafael, isso porque conforme o artigo 105 do Código Civil: *"A incapacidade relativa de uma das partes não pode ser invocada pela outra em benefício próprio, nem aproveita aos co-interessados capazes, salvo se, neste caso, for indivisível o objeto do direito ou da obrigação comum"*

22- O assunto é polêmico pois alguns tribunais, bem como doutrinadores contemporâneos, vêm adotando a teoria concepcionista. Inclusive a banca CESPE (DPE/AC- 2017 (defensor público)) já anulou uma questão sobre esse assunto, sob a justificativa de que "há divergência doutrinária a respeito do assunto abordado na questão." portanto é interessante fazer um estudo sobre as correntes de aquisição da personalidade jurídica, quais sejam: normativista, transformadora, concepcionista, natalista e da personalidade condicional.

23- Questão correta. A pretensão de reparação por dano moral sofrido sujeita-se a prazo prescricional de 3 anos (art.206, §3º, V, CC)

24- Uma das características dos direitos da personalidade é o caráter absoluto e isso significa que são oponíveis contra todos, de modo que a coletividade tem o dever de respeitá-los.

25- Essa questão pode confundir o candidato. O nascimento com vida é requisito para a aquisição de personalidade jurídica, mas a proteção desses direitos não depende necessariamente do nascimento com vida, eles são protegidos desde a concepção, nos termos do art. 2º do Código Civil.

26- Questão correta nos termos do artigo 105 do Código Civil: *"A incapacidade relativa de uma das partes não pode ser invocada pela outra em benefício próprio, nem aproveita aos co-interessados capazes, salvo se, neste caso, for indivisível o objeto do direito ou da obrigação comum"*.

27- A capacidade de fato não se apura exclusivamente com base no critério etário, isso porque, mesmo depois de atingida a maioridade a pessoa pode ser relativamente incapaz se enquadrar-se em algum rol do art. 4º do CC.

28- O erro está em dizer que o nascituro não é sujeito de direitos, pois conforme artigo 2º do CC *"[...] A lei põe a salvo,* *desde a concepção, os direitos do nascituro"*

29- Os absolutamente incapazes são representados, enquanto os relativamente incapazes são assistidos.

30- Questão correta nos termos do artigo 1.779 do Código Civil: *"Dar-se-á curador ao nascituro, se o pai falecer estando grávida a mulher, e não tendo o poder familiar. Parágrafo único. Se a mulher estiver interdita, seu curador será o do nascituro"*

31- A lei resguarda os direitos do nascituro, mas a personalidade civil começa com o nascimento com vida. Portanto o nascituro não possui todos os requisitos da personalidade civil, o requisito é nascer com vida. (artigo 2º do CC)

32- O gabarito oficial do concurso trouxe a questão como errada com base na literalidade do artigo 11 do Código Civil. Contudo, conforme o Enunciado 4, da I Jornada de Direito Civil: *"o exercício dos direitos da personalidade pode sofrer limitação voluntária, desde que não seja permanente nem geral."*

33- O enunciado trocou capacidade de Direito por capacidade de Fato. Nesse sentido o correto seria: Toda pessoa tem **capacidade de direito**, podendo, assim, ser sujeito de direitos e obrigações na ordem civil; porém, só poderá exercer pessoalmente os atos da vida civil quando atingir a capacidade civil plena.

34- Questão correta nos termos do 4º, I do CC.

35- Questão correta nos termos dos artigos 1747 e 1748 do CC.

36- A alternativa *B* está incorreta porque o impedimento de curto e médio prazo não caracteriza a deficiência. Conforme art. 2º do EPD: *"Considera-se pessoa com deficiência aquela que tem impedimento de longo prazo de natureza física, mental, intelectual ou sensorial, o qual, em interação com* *uma ou mais barreiras, pode obstruir sua participação plena e efetiva na sociedade em igualdade de condições com as demais pessoas".*

37-De acordo com o disposto na Lei n.º 13.146/2015, a curatela é medida protetiva extraordinária que alcança direitos relativos aos bens patrimoniais, nos temos do artigo 85 do EPD.

38. O ato de emancipação de Márcia por seus pais deve, necessariamente, ser levado a registro no cartório competente do Registro Civil de Pessoas Naturais. Isso porque conforme o Código Civil: *"art. 5º Parágrafo único. Cessará, para os menores, a incapacidade: I - pela concessão dos pais, ou de um deles na falta do outro,* **mediante instrumento público,** *independentemente de homologação judicial, ou por sentença do juiz, ouvido o tutor, se o menor tiver dezesseis anos completos"* (grifei). Ademais, conforme o artigo 9º da mesma lei : *"serão registrados em registro público II - a emancipação por outorga dos pais ou por sentença do juiz".*

39- Os dois enunciados da questão estão errados. Isso porque, conforme o artigo 11 do Código Civil: ***"Com exceção dos casos previstos em lei,*** *os direitos da personalidade são intransmissíveis e irrenunciáveis, não podendo o seu exercício sofrer limitação voluntária"* (grifei) Ademais, não se confunde transmissão ou renúncia com fruição econômica. Não há proibição da fruição econômica dos direitos da personalidade. É o que ocorre, por exemplo, com os direitos autorais, uso de imagem, exploração artísticas do corpo, dentre outros.

Observação: existem dois enunciados da Jornada de Direito Civil importantes sobre o tema:

Enunciado 4 da I Jornada De Direito Civil – *art. 11: o exercício dos direitos da personalidade pode sofrer limitação voluntária, desde que não seja permanente nem geral.*

Enunciado 139 da III Jornada De Direito Civil – *art. 11: os direitos da personalidade podem sofrer limitações, ainda que não especificamente previstas em lei, não podendo ser exercidos com abuso de direito de seu titular, contrariamente à boa-fé objetiva e aos bons costumes.*

40- A alternativa correta é a C, pois conforme o art. 5°. Parágrafo único. *Cessará, para os menores, a incapacidade: I - pela concessão dos pais, ou de um deles na falta do outro, mediante instrumento público, independentemente de homologação judicial, ou por sentença do juiz, ouvido o tutor, se o menor tiver dezesseis anos completos; II - pelo casamento; III - pelo exercício de emprego público efetivo; IV - pela colação de grau em curso de ensino superior; V - **pelo estabelecimento civil ou comercial, ou pela existência de relação de emprego, desde que, em função deles, o menor com dezesseis anos completos tenha economia própria.*** (grifei este inciso porque corresponde à alternativa correta da questão)

41- Informativo 599 do STJ: *"[...] A responsabilidade civil do incapaz pela reparação dos danos é subsidiária, condicional, mitigada e equitativa. [...]"*

42- A responsabilidade civil de Pedro pela reparação dos danos é subsidiária, em relação a seus pais/responsáveis, e mitigada, nos termos do Informativo 599 do STJ.

43- Constitui característica ou atributo do direito da personalidade o caráter extrapatrimonial, pois reflete na esfera moral do individuo

44- A alternativa correta é a *C* nos termos do artigo 85 do EPD. As demais estão incorretas porque estão em desacordo com os seguintes dispositivos legais. Alternativa A: art. 74, III do EP; B- art..81 do EPD; D- art. 20, §5, da lei 8.742/93; E- art. 6°, VI, do EPD

45- A questão cobra a literalidade do Código Civil. Item I Correto- Transcrição literal art. 11. Item II. Correto-Transcrição do art. 13. Item III. Correto-Transcrição do art. 15. Item IV. Errado- O art. 19 dispõe *que "o pseudônimo adotado para atividades lícitas goza da proteção que se dá ao nome."*

46- A alternativa *B* está correta nos termos do art. 4º do EPD. Vejamos: *"toda pessoa com deficiência tem direito à igualdade de oportunidades com as demais pessoas e não sofrerá nenhuma espécie de discriminação. § 2º a pessoa com deficiência não está obrigada à fruição de benefícios decorrentes de ação afirmativa"*

47- A alternativa *E* está correta nos termos do Informativo 789, STF: "É inexigível o consentimento de pessoa biografada relativamente a obras biográficas literárias ou audiovisuais, sendo por igual desnecessária a autorização de pessoas retratadas como coadjuvantes ou de familiares, em caso de pessoas falecidas ou ausentes." (ADI 4815/DF, Rel. Min. Cármen Lúcia, 10.06.2015).

48- Os direitos da personalidade são absolutos, imprescritíveis, inatos e vitalício

49- A alternativa incorreta é a *D.* A reparação por danos em decorrência da lesão aos direitos da personalidade está prevista no art. 12 do Código Civil. Vejamos: *"Pode-se exigir que cesse a ameaça, ou a lesão, a direito da personalidade, e reclamar perdas e danos, sem prejuízo de outras sanções previstas em lei. Parágrafo único. Em se tratando de morto, terá legitimação para requerer a medida prevista neste artigo o cônjuge sobrevivente, ou qualquer parente em linha reta, ou colateral até o quarto grau."*

50- A alternativa correta é a *C,* isso porque os dois itens estão corretos nos termos dos artigos 3º e 4º do Código Civil

51- Depois das alterações advindas do Estatuto da Pessoa com deficiência, apenas os menores de 16 anos são considerados absolutamente incapazes.

52- A alternativa *A* está correta nos termos do art. 2º do CC. Um exemplo da consequência sucessória é no caso de um pai que morre antes do nascimento do filho. Se o filho nasceu com vida, ou seja, respirou, ele tem direito a receber sua parte da herança. Caso o filho que nasceu com vida morra 10 minutos depois, ele transmite a herança para sua mãe. Isso porque se ele nasceu com vida, logo ele adquiriu personalidade jurídica, ou seja, é sujeito de direitos e obrigações. Nesse sentido ele tem pleno direito de ser herdeiro e receber a herança de seu pai, ainda que morra em seguida. Caso ele não nasça com vida não terá direito à herança do pai.

53- Mesmo após a maioridade Alessandra permanecerá na condição de relativamente incapaz. Mas não em razão da deficiência em si, e sim em razão da impossibilidade permanente de manifestação de vontade, nos termos do art. 4º, III do CC.

54- A avó poderá se escusar da tutela, sob o fundamento de ser maior de sessenta anos. Literalidade do artigo 1.736, II do CC.

55- O conceito da alternativa *D* está errado pois trata-se do conceito **de** "Moradia para vida independente da pessoa com deficiência" (art. 3º, XI do EPD) O conceito de Residências inclusivas está presente no art. 3º, X do Estatuto.

56- Literalidade do artigo Art. 1.775-A do Código Civil.

57- A questão cobrou a literalidade dos dispositivos do Estatuto da Pessoa com Deficiência

Item I (correto) - Art. 84; Item II (correto) - Art. 84, § 2º; Item III (errado) - A curatela **não** afeta os atos de natureza pessoal - Art. 85. "*A curatela afetará tão somente os atos relacionados aos direitos de natureza patrimonial e* *negocial".*

58- Literalidade do artigo 1.783-A.§ 3º do Estatuto da Pessoa com Deficiência

59- Literalidades dos artigos 84-87 do EPD

60- Vide artigo Art. 1.783-A do Código Civil

61- CC, Art. 928. *"O incapaz responde pelos prejuízos que causar, se as pessoas por ele responsáveis não tiverem obrigação de fazê-lo ou não dispuserem de meios suficientes."*

62- Literalidade do artigo 1.767 do Código Civil

63- A alternativa C está correta nos termos do artigo 85 do EPD. As demais estão incorretas pelos motivos que seguem: *A-* Os curadores são obrigados a prestar conta anualmente (art. 84, § 4º, do EPD). *B-* É possível a nomeação de um curador provisório nos termos do artigo 87 do EPD. *D-* A curatela não poderá ser instituída por escritura pública. Isso porque seus limites e razões devem ser estipulados em sentença, conforme disciplinam tanto o Estatuto (art. 85, § 2º) quanto o CPC (art. 755). *E-* A curatela e a Tomada de Decisão Apoiada são institutos distintos.

64- Literalidade do artigo 6º e 85 do EPD

65- O EPD requalificou a curatela pois ela só atingirá os atos de natureza negocial e patrimonial e ainda instituiu a curatela compartilhada. Lembrando que a Tomada de Decisão Apoiada não é uma extensão da curatela, trata-se de um novel instituto.

66- O curador de José não está agindo corretamente, já que a curatela atinge tão somente os atos relacionados aos direitos de natureza patrimonial e negocial (artigo 85 do EPD)

67- A alternativa C está correta: a tomada de decisão apoiada é medida que visa à proteção da pessoa com deficiência capaz em situação de vulnerabilidade. Quanto a alternativa B, erro está na afirmação "situações pretéritas", pois é possível que a lei nova alcance os casos pendentes e futuros decorrentes de situações pretéritas que se realizem sob a égide da lei revogada, não abrangendo apenas os fatos passados, nos quais se incluem o ato jurídico perfeito, o direito adquirido e a coisa julgada, nos termos dos artigos 5°, inciso XXXVI, da Constituição Federal e art. 6°, da LINDB. Os assuntos das demais alternativas já foram explicados em questões anteriores.

68- Literalidade do artigo 3° do Código Civil.

69- Os assuntos já foram explicados em questões anteriores. Só reforçando que uma das inovações decorrentes do Estatuto da Pessoa com deficiência é a possibilidade da curatela compartilhada, nos termos do artigo Art. 1.775-A do Código Civil.

70- *A-* Não há preferência por familiares, o importante é que o apoiador seja uma pessoa que mantenha vínculo com o apoiado e que seja de sua confiança. (Art. 1.783-A, CC); *B-* Alternativa correta nos termos do artigo 85 do EPD; *C-* Dizer que o gozo dos benefícios decorrentes de ação afirmativa é indisponível é o mesmo de dizer que é obrigatório. Nesse sentido é disponível pois é facultativo nos termos do artigo 4°,§ 2 do EPD; *D-* A adoção de sistema de ensino inclusivo também é obrigatório para instituições privadas (art. 28,§ 1° do EPD); *E-* Art. 55, §2° do EPD: *"Nas hipóteses em que comprovadamente o desenho universal não possa ser empreendido, deve ser adotada adaptação razoável."*

71- *A-* alternativa correta nos termos do artigo 4° do CC; *B-* Incorreta pois o impedimento deve ser de longo prazo nos termos do artigo 2° do EPD; *C-* É vedado qualquer discriminação da pessoa com deficiência em razão de sua condição (art. 34,§ 3 do EPD); *D-* O erro está em "prioridade com relação aos demais", o correto é " em igualdade de oportunidades com os demais empregados" (art. 34,§ 4). *E-* Os ausentes não estavam previstos no rol do artigo 3º do CC.

72- O instituto da curatela não foi extinto, e sim reformulado para atingir somente os atos de natureza negocial e patrimonial; desatrelar os conceitos de incapacidade e de pessoa com deficiência significa um reflexo das revogações dos incisos II e II do artigo 3º do Código Civil. Nesse sentido, deficiência, por si só, não presume a incapacidade. Somente se falará em incapacidade relativa quando a deficiência for uma causa que obstrua ou limite a manifestação de vontade. Sobre a Tomada de Decisão Apoiada é correto dizer que é um processo facultativo tendo em vista que a pessoa com deficiência não está obrigada a eleger apoiadores. Sobre o direito ao voto, tal preceito não está no Código Civil e sim no Estatuto da Pessoa com deficiência (art. 76, §1º).

73- *A-* alternativa correta; anteriormente ao Estatuto da Pessoa com deficiência era nulo o casamento contraído pelo enfermo mental sem o necessário discernimento para os atos da vida civil (art. 1548, I), contudo, tal dispositivo foi revogado. *B-* Não se trata de ab-rogação, e sim de derrogação que é a revogação parcial de determinados dispositivos do Código Civil. *C-* O erro está em dignidade-vulnerabilidade, pois agora passou-se a valorizar a dignidade-liberdade. *D-* A única hipótese de incapacidade absoluta são os menores de 16 anos e eles estão sujeitos à tutela e não á curatela.

74- A alternativa *B* está incorreta tendo em vista que não se trata de uma visão fragmentária e sim unitária do ordenamento jurídico, através de uma interpretação sistemática das normas.

75- A alternativa *C* está incorreta nos termos do artigo 1.773 do CC, pois dar-se-á somente um tutor para os irmãos órfãos e não mais de um tutor como enuncia a alternativa.

76- A emancipação é irrevogável, só podendo ser anulada em razão de vício de vontade (erro, dolo, coação, estado de perigo, lesão)

77- *A-* alternativa correta nos termos do artigo 84 e 85 do EPD; *B-* A prestação de contas das fundações ao Ministério Público não poderá ser suprida pelo juiz, a requerimento do interessado (art. 67, do CC).;*C-* A confissão feita pelo representante pode obrigar o representado, desde que feita nos limites em que o representante possa vincular o representado (parágrafo único, do art. 212, do CC); *D-* qualquer pessoa, que tenha justo interesse, pode contestar a ação de investigação de paternidade ou maternidade. (art. 1.615, CC)

78- Literalidade do artigo 1783-A, § 4° do Código Civil: *"A decisão tomada por pessoa apoiada terá validade e efeitos sobre terceiros, sem restrições, desde que esteja inserida nos limites do apoio acordado"* As demais alternativas estão incorretas por estarem em desconformidade com o artigo 1783-A, caput; §1°; §5° e §10°.

79- Literalidade do artigo 1783-A, §1° do Código Civil. *"Para formular pedido de tomada de decisão apoiada, a pessoa com deficiência e os apoiadores devem apresentar termo em que constem* **os limites do apoio** *a ser oferecido e os compromissos dos apoiadores, inclusive o prazo de vigência do acordo e* **o respeito à vontade, aos direitos e aos interesses da pessoa que devem apoiar.***"*(grifei). As demais alternativas estão incorretas por estarem em desconformidade com os parágrafos 1°;2°; 4° e 7° do mesmo artigo.

80- Literalidade do artigo 6° da Lei n° 13,146/15 (Estatuto da Pessoa com Deficiência). As demais alternativas estão incorretas por estarem em desacordo com os artigos 86; 4° § 2°; art. 11 e 27 da mesma lei.

81- O exercício de emprego público efetivo é uma hipótese de emancipação legal nos termos do artigo 5° do Código Civil:

Parágrafo único. *"Cessará, para os menores, a incapacidade: III - pelo exercício de emprego público efetivo".* Os outros acontecimentos na vida de Pedro não caracterizam a emancipação.

82- Literalidade do artigo 3º do Código Civil

83- Literalidade do artigo 1.749 do Código Civil: *"Ainda com a autorização judicial, não pode o tutor, sob pena de nulidade: I - adquirir por si, ou por interposta pessoa, mediante contrato particular, bens móveis ou imóveis pertencentes ao menor [...]"*

84- A alternativa E está correta nos termos do artigo 7º, inciso I do Código Civil;
A- O ato praticado por pessoa absolutamente incapaz não é inexistente e sim nulo, nos termos do artigo 166, inciso I do CC;
B- Os menores de dezesseis anos são absolutamente incapazes (artigo 3º, CC) e os maiores de dezesseis e menores de dezoito anos são relativamente incapazes (artigo 4º, inciso I, CC). Conforme o ECA- Lei nº 8,069/90, artigo 2º. "Considera-se criança, para os efeitos desta Lei, a pessoa até doze anos de idade incompletos, e adolescente aquela entre doze e dezoito anos de idade";
C- A alternativa trouxe o conceito de associação (art. 53 do CC), pois a fundação é formada pelo conjunto de patrimônio e não de pessoas;
D- A incapacidade cessará para os menores através da emancipação (artigo 5º do CC)

85- O item I e II são verdadeiros nos termos do artigo 1º do Código Civil. O item III está errado pois traz o conceito de capacidade de fato. O Item IV está errado pois a capacidade de fato não é uma aptidão genérica e sim a aptidão para praticar pessoalmente os atos da vida civil.

86- Literalidade do artigo 3º do Código Civil

87- Literalidade do artigo 1.783-A do Código Civil

88- A alternativa *D* está correta nos termos do artigo 86 do Estatuto da Pessoa com deficiência. Sobre a alternativa *A*, veja que ela poderia confundir o candidato que respondesse sem tanta atenção. Nos termos do artigo 1.783 do CC a pessoa com deficiência elege pelo menos 2 pessoas idôneas para lhe prestar apoio na tomada de decisão, ou seja, quem formula o pedido é a própria pessoa com deficiência e não os dois apoiadores. Sobre a alternativa *E*: O benefício da meia entrada para a pessoa com deficiência foi regulamentado pelo Decreto Nº 8.537, de 5 de outubro De 2015. Os demais assuntos já foram tratados em questões anteriores.

89-. A questão pede que o candidato responda levando em consideração o Estatuto da Pessoa com deficiência. Nesse sentido a alternativa *E* está correta nos termos do artigo 85 do Estatuto. Contudo, é importante pontuar que conforme o Enunciado 637 da VIII Jornada de Direito Civil, promovida pelo Centro de Estudos Judiciários do Conselho da Justiça Federal, *"Admite-se a possibilidade de outorga ao curador de poderes de representação para alguns atos da vida civil, inclusive de natureza existencial, a serem especificados na sentença, desde que comprovadamente necessários para proteção do curatelado em sua dignidade"*

As demais alternativas estão incorretas por estarem em desconformidade com os dispositivos legais a seguir: A- artigo 9º, VII do EPD; B- artigo 6º, IV do EPD; C- artigo 5º, III do Código Civil, D- artigo 1.517 do Código Civil.

90- Literalidade do artigo 2º do Código Civil.

91- A primeira alternativa está incorreta nos termos do artigo 13 do Código Civil, vejamos: *"Salvo por exigência médica, é defeso o ato de disposição do próprio corpo, quando importar diminuição permanente da integridade física, ou contrariar os bons costumes"*. A alternativa *B* está correta nos termos do parágrafo único do art. 13 do CC. A alternativa *C* está em conformidade com o artigo 14, caput, CC. A alternativa *D* está correta nos termos do parágrafo único do art. 14 do CC.

92- Com exceção da colação de grau em curso de ensino médio, os demais acontecimentos descritos na questão são hipóteses de emancipação nos termos do parágrafo único do artigo 5° do Código Civil, contudo, basta o cumprimento de um dos incisos para cessar a incapacidade. Nesse sentido, como o casamento foi o que aconteceu primeiro foi a partir dele que cessou para Gustavo a incapacidade.

93- A questão cobrou a literalidade de alguns artigos do Código Civil sobre os direitos da personalidade. *A*- Artigo 12, parágrafo único. *B*- Artigo 11. *C*- Artigo 14. *D*- Artigo 18.

94- A alternativa A está correta nos termos do artigo 2° do Código Civil.

95- A capacidade de fato pressupõe a capacidade de direito, ou seja, não há capacidade de fato sem a capacidade de Direito. Não há como exercer um direito que não existe ou que o sujeito não seja detentor. Assim, se há o exercício, pressupõe que há o direito. Mas a capacidade de direito subsiste sem a capacidade de fato. Ou seja, todas as pessoas têm personalidade jurídica (capacidade de adquirir direitos e obrigações, desde o nascimento com vida), independentemente de terem capacidade de exercer pessoalmente esses direitos.

96- Segundo o código civil a personalidade jurídica começa com o nascimento com vida (artigo 2°) e termina com a morte (artigo 6°).

97- Conforme o artigo 11 do Código Civil: *"Com exceção dos casos previstos em lei, os direitos da personalidade são intransmissíveis e irrenunciáveis [...]"*. Eles são inatos porque são inerentes à pessoa desde o nascimento (artigo 2°). Embora a personalidade jurídica se encerre com a morte da pessoa, os direitos da personalidade são perpétuos nos termos do parágrafo único do artigo 12 do Código Civil. Vejamos: *"Pode-se exigir que cesse a ameaça, ou a lesão, a direito da personalidade, e reclamar perdas e danos, sem prejuízo de outras sanções previstas em lei. Parágrafo único. Em se tratando de morto, terá legitimação para requerer a medida prevista neste artigo o cônjuge sobrevivente, ou qualquer parente em linha reta, ou colateral até o quarto grau"*

98- Os direitos da personalidade são indisponíveis, isso significa que a pessoa não pode abrir mão. São irrenunciáveis nos termos do artigo 11 do Código Civil.

99- A alternativa *C* está correta nos termos do artigo 5º do Código Civil: *"A menoridade cessa aos dezoito anos completos, quando a pessoa fica habilitada à prática de todos os atos da vida civil."* – *A-* Capacidade não é o mesmo que personalidade. Personalidade é a aptidão para adquirir direitos e obrigações e é um atributo inerente a todas as pessoas. Quando se fala em capacidade puramente refere-se à capacidade de fato. Ela diz respeito a aptidão para o exercício dos direitos. *B-* Nesse sentido a capacidade de fato não é inerente à pessoa pois existem condições que limitam o exercício dos direitos à algumas pessoas. Em relação a última alternativa, ela está incorreta tendo em vista que conformo o artigo 1630 do CC: *"Os filhos estão sujeitos ao poder familiar, enquanto menores"*

100- As questões da OAB costumam ser legalistas. Nesse sentido, a alternativa *A* está correta nos termos do artigo 11 do Código Civil. Mas lembrando que o Enunciado 139 da III Jornada de Direito Civil enuncia que: *"Os direitos da personalidade podem sofrer limitações, ainda que não especificamente previstas em lei, não podendo ser exercidos com abuso de direito de seu titular, contrariamente à boa-fé objetiva e aos bons costumes".*

101- A alternativa *C* está correta, pois conforme o artigo 105 do Código Civil *"A incapacidade relativa de uma das partes não pode ser invocada pela outra em benefício próprio, nem aproveita aos co-interessados capazes, salvo se, neste caso, for indivisível o objeto do direito ou da obrigação comum"*

REFERÊNCIAS

AMARAL, Francisco. **Direito civil: uma introdução**. 5. ed., rev., aum. e atual. de acordo com o novo código civil. Rio de Janeiro: Renovar, 2003.

BEVILÁQUA, Clóvis. **Código dos Estados Unidos do Brasil comentado**. Edição histórica. 7º tiragem. Ed. Rio, 1984.

BRASIL. **Constituição da República Federativa do Brasil de 1988.** Disponível em: < http://www.planalto.gov.br/ccivil_03/Constituicao/Constit uicao.htm> Acesso em: 02 de junho de 2018.

_____. Código **Civil. Lei nº 10.406, de 10 de janeiro de 2002.** Disponível em: <http://www.planalto.gov.br/ccivil_03/leis/2002/L10406c ompilada.htm>. Acesso em: 20 nov 2018.

_____ **Lei nº 13.146, de 6 de julho de 2015.** Disponível em: <http://www.planalto.gov.br/ccivil_03/_Ato2015-2018/2015/Lei/L13146.htm> Acesso em: 03 de junho de 2018.

_____. **Decreto nº 186, de 9 de junho de 2008**, disponível em: < http://www2.camara.leg.br/legin/fed/decleg/2008/decreto legislativo-186-9-julho-2008-577811-publicacaooriginal-100742-pl.html> Acesso em: 02 de setembro de 2018.

_____. **Decreto nº 6.949 de 25 de agosto de 2009.** Disponível em: <http://www.planalto.gov.br/ccivil_03/_ato2007-2010/2009/decreto/d6949.htm> Acesso em: 03 de setembro de 2018.

_____. **Apelação cível n° 1.0024.10.132636-1/001** - comarca de belo horizonte - apelante (s): W.L.B. - Relator: Exmo. Sr. Des. Eduardo Andrade, julgado em 25/10/2011.

_____. **Código Civil dos Estados Unidos do** Brasil (1916). Lei n° 3.071, de 1° de janeiro de 1916. Disponível em: <http://www.planalto.gov.br/ccivil_03/leis/L3071.htm>. Acesso em: 20 nov 2018.

_____. **Tribunal de Justiça de São Paulo**. Apelação 1007607-79.2015.8.26.0565. Relator des. Fábio Podestá. 5ª Câmara de Direito Privado. Julgamento em 27 de junho de 2017.

CARVALHO FILHO, Milton Paulo. **Código Civil Comentado: Doutrina e Jurisprudência**. Coord. Min. Cezar Peluso. ed. 5. São Paulo: Manole, 2011.

CORDE. Coordenadoria nacional para a integração da pessoa com deficiência. **A convenção sobre os direitos da pessoa com deficiência comentada**. Brasília: CORDE, 2018. Disponível em:< https://www.governodigital.gov.br/documentos-e-arquivos/A%20Convencao%20sobre%20os%20Direitos%20 das%20Pessoas%20com%20Deficiencia%20Comentada.pdf > Acesso em: 05 de junho de 2018.

DINIZ, Maria Helena. **Curso de direito civil brasileiro**. ed. 28. São Paulo: Saraiva, 2011. v 1.
_____. **Curso de direito civil brasileiro**. ed. 9 São Paulo: Saraiva, 2002

FILARDI, Luiz Antonio. **Curso de direito romano**. ed. 3. São Paulo: Atlas, 1999.

FIÚZA, César. **Direito civil: novo código civil comentado** ed. 1. São Paulo: Saraiva, 2002.

GAGLIANO, Pablo Stolze. PAMPLONA FILHO, Rodolfo. **Novo curso de direito civil**. ed. 14. São Paulo: Saraiva, 2012.

_____ **Novo curso de direito civil**. ed. 19. São Paulo: Saraiva, 2017.

_____.**É o fim da interdição?** Disponível em< https://flaviotartuce.jusbrasil.com.br/artigos/304255875/ e-o-fim-da-interdicao-artigo-de-pablo-stolze-gagliano> Acesso em: 03 de outubro de 2018.

GARGIA, Vinicius Gaspar. **Pessoa com deficiência e o mercado de trabalho histórico e contexto contemporâneo.** Disponível em: < http://repositorio.unicamp.br/bitstream/REPOSIP/286387 /1/Garcia_ViniciusGaspar_D.pdf> Acesso em: 03 de setembro de 2018

GONÇALVES, Carlos Roberto. **Direito Civil brasileiro**. ed. 12. São Paulo: Saraiva, 2014. V 1.

_____. **Direito Civil brasileiro**. ed. 14. São Paulo: Saraiva, 2016. V 1.

GOMES, Orlando. **Introdução ao direito civil**. ed. 18. São Paulo: Forense, 2002.

_____. **Introdução ao direito civil**. ed. 4. São Paulo: Forense, 1998

_____. **Raízes históricas e sociológicas do código civil brasileiro**. ed. 2. São Paulo: Martins Fontes, 2006.

HOBBES, Thomas. Do Cidadão. Ed. Martin Claret, São Paulo, 2002.

LARA, Mariana Alves. **A teoria das incapacidades no Direito brasileiro: por uma reformulação.** São Paulo. Tese (doutorado em Direito Civil). Faculdade de Direito, Universidade de São Paulo. São Paulo, 2017.

LOBO, Paulo. **Direito Civil – Famílias – 11ª Ed. De acordo com a EC/66 –** São Paulo: Saraiva, 2018

_____. **Com Avanço Legal Pessoas com Deficiência Mental não são mais incapazes.** Fonte: http://www.conjur.com.br/2015-ago-16/processo-familiar-avancos-pessoas-deficiencia-mental-nao-são-incapazes, acessado em 22 de setembro de 2018.

LISBOA, Roberto Senise. **Teoria Geral do direito civil.** ed. 8. São Paulo: Saraiva, 2013.

PEREIRA, Caio Mário da Silva. **Instituições de direito civil: introdução ao direito civil e teoria geral do direito civil.** v. 1. 21. ed. Rio de Janeiro: Forense, 2005.

PEREIRA, Rodrigo da Cunha. **Lei 13.146 acrescenta novo conceito para capacidade** civil. CONJUR. Disponível em: <https://www.conjur.com.br/2015-ago-10/processo-familiar-lei-13146-acrescenta-conceito-capacidade-civil>. Acesso em: 20 nov 2018.

PORTUGAL. **Ordenações Filipinas: ordenações de leis do reino de Portugal** recopiladas por mandato d'el Rei D. Felipe, o Primeiro. São Paulo: Saraiva, 1957-1966. nv. Classificação: 340.094 69 P853o 1957-66 RBclp (CCJ).

REQUIÃO, Maurício. **Conheça a tomada de decisão apoiada, novo regime alternativo à curatela.** Disponível em: <https://www.conjur.com.br/2015-set-14/direito-civil-atual-conheca-tomada-decisao-apoiada-regime-alternativo-curatela>. Acesso em: 20 nov 2018.

RIZZARDO, Arnaldo. **Os deficientes e a tomada de decisão apoiada.** Disponível em: <http://genjuridico.com.br/2015/10/21/os-deficientes-e-a-tomada-de-decisao-apoiada/>. Acesso em: 20 nov 2018.

_____. **Parte Geral do Código Civil.** Rio de Janeiro: Forense, 2003.

VENOSA, Sílvio de Salvo. **Direito Civil.** ed. 8. São Paulo:

Atlas, 2008. 1 v.

SANDEL, Michael J. **Justiça: o que é fazer a coisa certa**. ed. 6. Rio de Janeiro: Civilização Brasileira, 2012.

SIMÃO, José Fernando. **Estatuto da pessoa com deficiência causa perplexidade** (parte 2). Disponível em: <https://www.conjur.com.br/2015-ago-07/jose-simao-estatuto-pessoa-deficiencia-traz-mudancas>. Acesso em: 20 nov 2018.

STRECK, Lênio Luiz. Compreender direito: desvelando as obviedades do discurso jurídico. São Paulo: Editora Revista dos Tribunais, 2013.

TARTUCE, Flávio. **Estatuto da pessoa com deficiência: Uma nota crítica. Disponível** em:https://flaviotartuce.jusbrasil.com.br/artigos/338456458/estatuto-da-pessoa-com-deficiencia-uma-nota-critica> Acesso em: 14 de junho de 2018.

TESCARO, Mauro. **Decorrenza della prescrizione e autoresponsabilità: la rilevanza civilistica del principio contra non valentem agere non currit praescriptio**. Padova: CEDAM, 2006. Disponível em: < https://www.libreriauniversitaria.it/decorrenza-prescrizione-autoresponsabilita-rilevanza-civilistica/libro/9788813262242>. Acesso em: 20 nov 2018.

SOBRE A AUTORA

Jhéssika Iaccino é uma jurista, professora, escritora e advogada. Ministra aulas particulares de Direito Civil e dedica-se ao estudo e pesquisa do Direito Civil e da Filosofia do Direito. Formada em Direito pela Universidade Federal do Tocantins. (email: jhessikakarollyne@uft.edu.br)